ENVIRONNEMENTS EN PERIL

ENVIRONNEMENTS EN PERIL

SAUVEGARDER LES ECOSYSTEMES MENACES DE LA TERRE

Anna Maria Caldara

intrinsèque

© 1991 Michael Friedman Publishing Group, Inc.
15 West 26th Street, New York, U.S.A.
pour l'édition originale

© 1991 Edimages S.A. 1806 Saint Léger, Suisse
pour l'édition en langue française
ISBN 2-88399-029-8

© 1991 Editions Intrinsèque, 674 Place Publique, bureau 200. Laval. Québec. Canada
pour le Canada
ISBN 2-920373-17-X

Adaptation française de Nicolas Blot
Photogravure de Excel Graphic Arts Co.
Imprimé et relié à Hong Kong par Leefung-Asco Printers, Ltd.

Tous droits réservés
Dépôts légaux troisième trimestre 1991

A vous tous,
en une vision partagée d'un monde
resplendissant de santé et d'harmonie

REMERCIEMENTS A

Thomas Berry, Peter Ciborowski, Liz Cook, Catherine Caulfield, Dr. Mohamed T. El-Ashry, Dr. Sayed Z. El-Sayed, Greenpeace, Bob Ginsburg, Dr. Gary E. Glass, Dr. James Hansen, Frank W. Ingalls, Dr. Linda L. Jones, Sam La Budde, Dr. Richard Liroff, Frank Livelli, Dr. James Ludwig, Dr. Joseph Mele, Boyce Miller, Owen Murphy, Cynthia Pollock-Shea, Rainforest Action Group de Lismore (Australie), Veerabhandran Ramanathan, Bruce Rich, F. Sherwood Rowland, Dr. Carl Sagan, Laura O'Biso Socha, Athelstan Spilhaus, Adrian Tuck, Dr. Robert T. Watson, Susie White, Work on Waste U.S.A., Cindy Zipf.

SOMMAIRE

Dans la lumière de l'aube, Los Angeles s'éveille péniblement, asphyxiée par le smog.

AVANT-PROPOS

Voici quelques années, alors que je séjournais dans les environs de Los Angeles, j'ai embrassé la ville du regard. Sous le ciel d'un bleu éclatant, la couche de smog assombrissait la ville, où le soleil parvenait filtré par la terne brume. Je me suis rendu compte que les gens y étaient tellement habitués qu'ils remarquaient à peine ce qui se passait. Le smog s'était insinué jusque dans les tréfonds de leur conscience.

Les habitants de Los Angeles ne pouvaient qu'accepter ce qu'apparemment ils étaient impuissants à modifier. La situation découlait de leurs propres activités. Tout changement aurait exigé un engagement total de leur part, ce qui était trop demander.

Ainsi, la « faculté d'adaptation », instrument premier de notre survie, devient-elle la source du péril qui nous menace. Nous nous adaptons à nos dépendances. Nous ne changeons pas avant le moment où un événement exerce sur nous un tel effet de choc que nous décidons finalement que le remède est moins à craindre que la dépendance. Il y a aussi ce sentiment diffus de culpabilité que nous ne manquons pas d'éprouver lorsque nous songeons au monde défiguré que nous allons léguer à nos enfants.

L'une des qualités essentielles du présent ouvrage réside dans la clarté avec laquelle il expose les conséquences de nos activités présentes sur les biosystèmes de la planète, et l'urgente nécessité dans laquelle nous nous trouvons de remédier aux effets de nos dépendances. Cette modification obligée de notre comportement comprend trois phases : un accroissement de notre conscience du désastre imminent, la cessation

*Plus nos océans seront propres, meilleure sera la
santé de la faune qui en dépend.*

de nos activités néfastes, et la réparation des dommages déjà perpétrés. Ce sont
bien là des obligations universelles.

Certains événements survenus au cours de ces dernières années nous sont d'un
précieux encouragement. Au travers des efforts de World Watch et du World Resource
Institute, nous somme parvenus à une évaluation plus nette de notre situation
présente. Les médias soulèvent désormais les questions d'environnement. La conscience
du péril existe, le rythme des dévastations décroît, la guérison est en marche.

En 1984, Lester Millbraith estimait à environ douze mille le nombre des associations,
mouvements, périodiques et bulletins consacrés à l'environnement. Ce nombre doit
avoir doublé aujourd'hui.

Le Secrétaire général de l'Organisation des Nations Unies a récemment déclaré
que la question de l'environnement est à la première page de l'agenda international,
cette question a d'ailleurs constitué la principale préoccupation de l'Organisation
de coopération et de développement économique (OCDE). Pour 1992 est prévue une
célébration de grande ampleur du vingtième anniversaire de la Conférence de
Stockholm, première des grandes conférences internationales sur le thème de l'environnement. Alors qu'avant Stockholm il n'existait pas d'organismes chargés de la
protection de l'environnement au sein de nos gouvernements, les délégués de près
de quatre-vingt-dix pour cent des nations présentes sont repartis de cette conférence
pour créer de tels organismes.

Ces événements et une multitude d'autres nous permettent de considérer qu'une
prise de conscience pénétrante du triste état de notre planète se fait jour désormais.

Le tri des ordures dans une décharge de Salt Lake City (Utah), envahie par les mouettes qui viennent s'y nourrir.

Nous reconnaissons maintenant qu'un millier de choses doivent être faites, du recyclage de nos papiers et de nos conteneurs métalliques jusqu'à la complète transformation de nos modes de vie — qui implique notamment la réduction de notre emploi (voire l'élimination pure et simple) des automobiles employant un carburant d'origine pétrolière.

Au-delà de toutes les actions particulières qui doivent être entreprises existe une nécessité de modifier nos valeurs fondamentales. Ceci s'applique spécialement à nos systèmes religieux et éducatifs, qui ont fait preuve d'une terrible négligence eu égard à la situation. Nos institutions religieuses ont depuis longtemps mis sur pied des manières d'aborder au plan moral des questions telles que celles du suicide, de l'homicide et du génocide ; et pourtant, elles sont totalement dépourvues de principes moraux qui leur permettraient d'affronter les perspectives de biocide et de géocide, qui représentent des maux au moins aussi désastreux.

Il en va de même dans le domaine de l'éducation. Nous élevons nos enfants de manière à les préparer à une gestion efficace de nos institutions commercialo-industrielles. Même nos universités continuent d'enseigner la dépendance envers une agriculture fondée sur l'emploi de substances chimiques. De même, en dépit des énormes quantités de déchets toxiques provenant de notre industrie nucléaire, nous ne consacrons pas pleinement nos efforts et nos moyens financiers au développement de l'énergie solaire. Nous ne procurons toujours pas à nos étudiants des informations de base sur les dangers des énergies fossiles et sur la destruction de nos forêts par le dégagement dans l'atmosphère de gaz générateurs de l'effet de serre.

© L. West/FPG International

Cette rose des prés (Rosa carolina) *s'épanouit sur les immondices, comme désireuse d'égayer coûte que coûte le paysage.*

Chacun de nous peut apporter une contribution significative.

Il fut un temps, avant l'avènement de l'automobile, le développement de l'industrie pétrochimique et la croissance d'une civilisation du gaspillage, où nous n'avions pas besoin d'en savoir beaucoup au sujet de la Terre ou de la manière dont elle fonctionnait en relation avec nos activités humaines. Cela n'est plus vrai. Aujourd'hui, nous avons tous un besoin urgent de savoir ce qu'implique l'emploi de récipients en polystyrène expansé, ou de couches-culottes à revêtement plastique.

Parallèlement à l'identification de bon nombre des formes spécifiques que prend notre situation actuelle, l'auteur propose des remèdes tout aussi spécifiques à ces problèmes dans leurs divers aspects. S'il n'existe pas une réponse unique aux problèmes posés, les suggestions apportées peuvent fonctionner pour presque tous.

Après avoir lu ce livre vous ne vivrez plus dans une mortelle innocence, ni ne vous sentirez frustré de ne pas savoir que faire de vos connaissances. Si ces gens peuvent prendre conscience de leur situation et s'engager dans un effort de changement, alors nous devrions nous aussi être capables de réévaluer notre condition actuelle et d'entreprendre les transformations radicales plus que jamais nécessaires.

Thomas Berry,
Directeur du Riverdale Center for Earth Studies
Riverdale, New York

LA COUCHE D'OZONE

Une délicate « peau » faite d'eau et de gaz enveloppe la Terre. Ce moite coussin s'étend du point le plus profond des planchers océaniques aux confins externes de l'atmosphère. Un recyclage constant des éléments chimiques nécessaires à la vie — l'eau, les sels minéraux, l'oxygène, le phosphore, le carbone et bien d'autres — doit absolument se produire, car nul élément nouveau n'entre dans l'écosphère ni ne la quitte.

La couche d'ozone, fragile enveloppe gazeuse qui absorbe presque tous les rayons ultraviolets (UV) nocifs émanant du Soleil, protège notre planète comme une couverture. Cette couche d'ozone, dont la partie la plus concentrée s'étend à des altitudes comprises entre douze et vingt-cinq kilomètres, est extrêmement ténue (quelques parties par million), à tel point que si la totalité de l'ozone de la stratosphère (région qui s'étend de vingt à cinquante kilomètres d'altitude) était condensée à notre propre pression atmosphérique, cette précieuse couche d'ozone n'aurait que l'épaisseur d'une pièce de un franc.

La couche d'ozone constitue un lien vital entre les différents composants physiques nécessaires au maintien de la Vie sur Terre. Qu'elle soit endommagée, et la couche d'ozone laisse passer des radiations ultraviolettes mortelles, qui atteignent alors la planète. Les effets de ces radiations se manifesteront par la fréquence plus grande des cancers de la peau, par une dépression de grande ampleur des systèmes immunitaires, par une élévation du niveau du smog, par une baisse des rendements agricoles, et par une détérioration des récoltes marines. Il est peut-être un fait plus important encore : la relation existant entre la raréfaction de l'ozone, le réchauffement planétaire, et la destruction du phytoplancton de l'océan, qui constitue le premier maillon de la chaîne alimentaire.

Un trou est bel et bien apparu dans la couche d'ozone. Il se manifeste tous les ans en septembre au-dessus de l'Antarctique, et les scientifiques ont noté qu'il s'était aggravé chaque année depuis 1979. A la fin des années 1980, cette brèche avait deux fois la taille des Etats-Unis. Les opinions des chercheurs scientifiques divergent quant aux raisons de cette apparition cyclique du trou, mais la raison de son existence est tout à fait claire : elle peut être en grande partie attribuée à la présence dans l'atmosphère de chlorofluorocarbones (CFC).

Des pertes d'ozone ont été repérées dans d'autres régions du monde. Une perte annuelle moyenne de trois pour cent de l'ozone a été détectée au-dessus d'Arosa, en Suisse, depuis au moins dix ans. A mille cent kilomètres du pôle Nord, au-dessus de l'archipel norvégien du Spitzberg, un trou dont la taille atteint le tiers de celui de l'Antactique a été découvert.

Une équipe internationale de chercheurs travaillant à l'initiative de la NASA avait ceci à ajouter : les conditions qui permettent la raréfaction de l'ozone sont également présente au-dessus de l'Arctique. L'air froid retenu au-dessus des pôles se combine avec des nuages glacials, la lumière du soleil et les CFC chimiquement actifs d'une manière qui accélère la destruction de l'ozone.

Une importante baisse de la quantité d'ozone a été vérifiée par trois des cinq stations de surveillance de l'ozone d'Australie.

Courtesy NASA

Ci-contre : *Cette magnifique vue de la Terre, du bassin méditerranéen à la calotte polaire antarctique, a été prise depuis le vaisseau spatial* **Apollo 17.** **Ci-dessus :** *Ces nuages stratosphériques polaires, photographiés à près de douze mille mètres d'altitude au nord de Stavanger, en Norvège. Ces nuages « du deuxième type » sont principalement constitués de molécules d'eau gelées.*

Courtesy NASA

L'IMPACT DES CFC

Les CFC se trouvent principalement sous forme de gaz propulseur dans les bombes aérosols, de fluide frigorifique dans les réfrigérateurs et les climatiseurs, ainsi que dans des matériaux isolants tels que mousses ou plastiques, et dans les solvants industriels. Or, la perte d'ozone de l'Antarctique est déclenchée par le chlore provenant de l'emploi des CFC, et par le brome, un composant des produits retardants employés dans la prévention des incendies.

Les molécules de la classe des CFC ont par une ironie du sort été mises au point par l'industrie chimique qui recherchait une substance non toxique et ininflammable propre à propulser « en toute sécurité » un déodorant hors de sa bombe, par exemple. Ces molécules sont constituées d'un ou plusieurs atomes de carbone, auxquels sont attachés des atomes

Il est facile de presser le bouton d'une bombe aérosol, mais ce simple geste libère des bordes de CFC dans l'atmosphère. Ci-contre : Les produits en polystyrène expansé, dans la composition desquels entrent des CFC, font peser une grave menace sur l'environnement. Les applications du polystyrène et des CFC sont si nombreuses qu'on continue de les employer à travers le monde ; maints organismes et groupements de citoyens s'efforcent néanmoins d'obtenir l'interdiction de l'utilisation du polystyrène expansé.

de chlore et/ou de fluor. Lorsque l'on presse le bouton d'un vaporisateur, les molécules pénètrent dans l'air, rebondissent sur les murs et finissent par gagner le dehors. Les CFC continuent de ricocher sur les arbres ou les poteaux téléphoniques, puis ils sont soulevés par les courants aériens et s'envolent vers les hauteurs de l'atmosphère. Après plusieurs années, ils arrivent dans la haute atmosphère ; la plupart de ces molécules ne se sont pas brisées en chemin, ni ne se sont combinées chimiquement avec d'autres molécules.

Dans cette haute atmosphère, où prévaut l'ozone, une molécule de CFC met un siècle à rendre son chlore, ce chlore qui en rencontrant la molécule d'ozone la détruit — sans se détruire lui-même. C'est là que réside la nature véritablement effrayante des CFC : il faut des années avant que le chlore ne revienne dans la basse atmosphère et ne soit lavé dans l'eau de pluie. Durant ce laps de temps, un atome de chlore peut détruire cent mille molécules d'ozone !

C'est en 1973 que les chimistes spécialistes de d'atmosphère que sont F. Sherwood Rowland et Mario Molina, de l'Université de Californie à Irvine, ont posé le principe du lien entre la raréfaction de l'ozone et les CFC. Lorsque leur rapport fut publié, dans la livraison de juin 1974 de la revue *Nature*, l'onde de choc en fut ressentie dans toute l'industrie des fluorocarbones, industrie qui brassait trois milliards de dollars par an.

Des dizaines d'applications des CFC avaient été découvertes durant la période de la Seconde Guerre mondiale. Le « Fréon » (nom déposé du CFC-12) connut une popularité internationale en tant que fluide frigorifique. Sa production augmenta de quatre mille pour cent entre 1931 et 1945. Des propulseurs d'aérosols contre la malaria furent obtenus pendant la guerre à partir des CFC 11 et 12 ; ultérieurement, des bombes de laque, des mousses isolantes et des coussins de fauteuil tirèrent parti des merveilles des CFC. De 1945 à 1950, la production totale de ces CFC doubla.

A la suite de la crise énergétique des années 1970, on se mit en quête de moyens plus efficaces de chauffer et isoler les demeures individuelles ou collectives. La production de mousses isolantes rigides, injectées de CFC-11 et CFC-12, connut un extraordinaire développement.

Aujourd'hui d'énormes installations frigorifiques utilisent des CFC. Les quatre cinquièmes des automobiles vendues aux Etats-Unis sont équipées de la climatisation. L'emploi des CFC s'étend jusqu'aux aliments que nous achetons au supermarché. Les trois quarts des aliments consommés par les Américains (les chiffres ne sont sans doute guère différents pour les Européens) sont réfrigérés à un moment ou un autre avant d'être consommés.

La souplesse d'utilisation des produits de la famille des CFC explique qu'ils aient pris une place aussi importante dans notre culture. Un organisme émanant de l'industrie des CFC elle-même, « The Alliance for Responsible CFC Policy », évalue la production annuelle de ces produits chimiques et des matériaux et services qui en dépendent directement à cent trente-cinq millions de dollars pour les seuls Etats-Unis.

LA RAREFACTION DE L'OZONE ET LA SANTE

Qui n'a jamais soupiré d'aise en se sentant rafraîchi par un climatiseur ? Pourtant, cette forme de confort fondée sur l'emploi des CFC comporte un coût caché, supporté par notre santé : le taux des maladies est directement lié au déclin de la couche d'ozone.

L'Ozone Trends Panel de la NASA a publié un rapport sur les travaux de plus de cent scientifiques qui ont consacré près d'un an et demi à soumettre à une nouvelle analyse les moindres informations glanées au sujet de l'ozone. Ses conclusions : 1. Le trou dans la couche d'ozone au-dessus de l'Antarctique a été provoqué par la présence de CFC. 2. Les pôles ne sont pas les seuls endroits où manque l'ozone. 3. La quantité d'ozone a régulièrement décru d'un et demi à trois pour cent au cours des vingt dernières années, dans les régions où vit la majeure partie de la population mondiale.

La NASA indique en outre que la couche d'ozone a déjà décru de plus de deux pour cent au niveau planétaire. Sa dégénérescence se poursuit à un rythme beaucoup plus rapide que ne le laissaient prévoir les modèles informatiques prévisionnels.

Les effets d'un accroissement du rayonnement ultraviolet sur les bactéries, le sol et les mammifères ne sont pas très bien connus. On sait cependant qu'une exposition augmentée des humains peut entraîner une multiplication des cancers de la peau et des dysfonctionnements du système immunitaire.

Le World Watch Institute rapporte que chaque année, les deux formes les plus courantes de cancer de la peau s'attaquent à six cent mille personnes aux Etats-Unis — le nombre des victimes de par le monde est trois fois plus élevé.

Le mélanome, forme la plus meurtrière de cancer de la peau est lié à une exposition extrême aux rayons UV, comme dans les cas de grave insolation. La fréquence des mélanomes s'est nettement accrue à travers le monde au cours de ces dernières années.

Le virus du sida n'a que trop apporté la démonstration de l'incapacité des systèmes immunitaires déficients à faire face aux ravages des maladies opportunistes. Dans le cadre du scénario de la réduction de l'ozone, on peut s'attendre à ce qu'une exposition accrue aux rayons UV-B abaisse la résistance du corps aux organismes envahisseurs. Un bond en avant des cancers de la peau affecterait en priorité les populations à peau claire, mais une immuno-déficience provoquée par la dégradation de la couche d'ozone pourrait exercer ses effets délétères sur chacun des habitants de la Terre.

La menace qui pèse sur la santé des êtres humains du fait d'une raréfaction de la couche d'ozone dans la haute atmosphère est encore aggravée par un phénomène désigné sous le nom de « smog photochimique », lié à la présence d'ozone au niveau du sol. L'ozone stratosphérique protège la Terre des effets des rayonnements UV, et contribue à l'équilibre du climat planétaire. L'ozone apparaît au niveau du sol lorsque des substances polluantes de l'atmosphère réagissent au contact d'hydrocarbures et d'oxydes d'azote, sous l'influence de

la lumière solaire. Le principal composant du smog est cet ozone du niveau du sol. A mesure que la couche d'ozone de haute altitude continue de s'éroder, la surface de la Terre est soumise à un rayonnement UV plus intense, qui accélère le processus photochimique.

Au niveau du sol, l'ozone est un gaz destructeur qui peut brûler les membranes des poumons. Le World Resource Institute évalue à quatre milliards de dollars la valeur des récoltes perdues chaque année aux Etats-Unis du fait de la présence d'ozone au niveau du sol (certaines des cultures concernées, telles que le coton, le soja, le blé et le maïs, jouent un rôle essentiel dans l'alimentation et l'habillement des humains). La croissance des arbres est également entravée par ce gaz. Les dommages subis par les arbres se poursuivent à un rythme alarmant. On estime que la moitié des arbres de nombreux pays européens souffrent de maladies provoquées aussi bien par l'ozone du niveau du sol que par les pluies acides.

Les conséquences de ces pluies acides — récoltes perdues, constructions rongées par la corrosion, mort progressive des lacs et de leur faune — sont aggravées par l'ozone de la troposphère (partie de l'atmosphère située entre le sol et dix kilomètres d'altitude). Alors que la couche d'ozone supérieure décline, un volume accru de péroxyde d'hydrogène gagnerait la basse atmosphère, où se trouve quatre-vingt-quinze pour cent de notre air. Le péroxyde d'hydrogène (ou eau oxygénée) est précisément l'un des ingrédients capables de produire des pluies acides.

Ci-contre : *Le soleil à toutes les peines du monde à transpercer les émanations d'une zone industrielle de Sarnia (Ontario), au Canada.* **Ci-dessus :** *Les sapins des Great Smoky Mountains, en Caroline du Nord, victimes des pluies acides.*

L'EFFET DE SERRE

De par l'affaiblissement de la couche d'ozone, l'atmosphère est plus sensible aux effets de la pollution. La potentialité d'un « réchauffement planétaire » est considérée par de nombreux scientifiques comme étant le plus grave des problèmes touchant à l'environnement auquel soit confronté le genre humain. Une élévation mondiale des températures pourrait se produire, pour peu qu'un « effet de serre » soit déclenché. L'effet de serre apparaît lorsque des CFC, du protoxyde d'azote, du gaz carbonique et du méthane sont libérés dans l'atmosphère. Plus lourds que l'air, ces gaz ne se dissipent pas mais ceignent la Terre d'une barrière qui laisse passer la lumière solaire — celle-ci réchauffe la Terre — mais empêche la chaleur de repartir vers l'espace. Les conséquences d'un tel événement pourraient aller depuis des vagues de chaleur et de sécheresse jusqu'à l'expansion des déserts et à l'inondation des régions littorales.

Certains chercheurs scientifiques estiment qu'un effet de serre se manifeste d'ores et déjà, et considèrent comme des exemples de ses débuts les températures caniculaires et les poches de sécheresse apparues en 1988.

Une compréhension de la manière dont le processus de l'effet de serre a pu apparaître est essentielle, en raison des gigantesques répercussions potentielles d'un réchauffement planétaire. Pourquoi tant de gaz contribuant à l'effet de serre pénètrent-ils dans l'atmosphère ?

Les niveaux de gaz carbonique dans l'atmosphère ont commencé à s'élever de façon exponentielle après 1850, période où furent érigées les hautes cheminées de l'ère industrielle. Le charbon, le pétrole et le gaz naturel furent brûlés de plus en plus fréquemment, en quantités toujours croissantes.

Aujourd'hui, un total de six milliards de tonnes de gaz carbonique sont rejetées dans l'atmosphère du fait des activités humaines, et principalement de l'emploi des combustibles fossiles. La déforestation détruit chaque année une zone forestière d'une superficie équivalente

à celle de la Belgique. La disparition de la couverture boisée a pour conséquence l'envoi dans l'atmosphère de quantités de carbone accrues. A l'heure actuelle, plus d'un million de personnes abattent les forêts plus rapidement qu'elles ne peuvent être replantées. L'issue inéluctable, une pénurie de bois de chauffe, pourrait fort bien survenir dès l'an 2000.

Les gaz libérés dans l'air qui contribuent à l'effet de serre sont à l'évidence le reflet des modes de vie qui sont les nôtres dans le monde. Les aérosols représentent encore un quart du total des CFC utilisés. Les concentrations dans l'atmosphère de CFC-11 et CFC-12 s'accroissent de cinq pour cent par an ; les niveaux de protoxyde d'azote (dégagé par la combustion du charbon et la dégradation des engrais agricoles) et de méthane (qui suinte sur les remblais des décharges, s'échappe des gazoducs et des installations de production pétrolière) s'élèvent régulièrement. Ces autres gaz facteurs d'effet de serre sont responsables d'un réchauffement planétaire au moins égal (sinon supérieur) à celui que cause le gaz carbonique lui-même. Une vingtaine d'autres gaz pouvant potentiellement déclencher un effet de serre ont par ailleurs été identifiés.

Au rythme actuel d'accumulation de ces gaz, la Terre se réchauffe de 0,02 à 0,06 °C par an. Nous subissons présentement les effets d'une élévation de température d'environ 0,5 °C, due aux émissions datant d'avant le milieu des années quatre-vingts. Il est difficile pour les scientifiques de déterminer avec exactitude ce que sera à l'avenir l'augmentation de température provoquée par les gaz générateurs d'effet de serre. La sensibilité du climat terrestre à des concentrations même relativement faibles de ces gaz ne nous est pas connue. Si la Terre n'est que partiellement sensible, nous pourrions rencontrer une élévation de 2 °C. Si elle est extrêmement sensible, cette élévation pourrait atteindre 9 °C. Certains scientifiques considèrent qu'un net réchauffement est inévitable, en raison de l'accumulation des émissions passées.

Pourtant, quelques progrès ont été réalisés. Des spécialistes estiment que si la production des CFC s'était poursuivie au même rythme effréné que voici vingt ans, l'effet de serre serait aujourd'hui beaucoup plus grave : l'impact en serait plus important encore que celui du seul gaz carbonique. L'allure à laquelle l'effet de serre se développe pourrait être maîtrisée si la production actuelle de CFC était interrompue, ou à tout le moins réduite. Nombre des substituts proposés pour les CFC contiennent du fluor, celui-ci n'est pas une menace spécifique pour la couche d'ozone mais il contribue à un réchauffement accru de l'atmosphère.

Le rôle de la couche d'ozone dans le maintien du climat mondial et la protection de la santé de tous les êtres vivants ne doit pas être sous-estimé. La raréfaction de l'ozone et le réchauffement planétaire résultent directement de la consommation débridée d'énergie de l'humanité. Les méthodes employées dans ce secteur — calcination des combustibles fossiles, dégagement dans l'atmosphère des gaz « à effet de serre », pollution de l'air par d'autres gaz, etc. — modifient l'atmosphère de la planète dans des proportions jusqu'alors inconnues. L'impact ultime de ces activités sur l'environnement, qui en viendrait à toucher le globe tout entier, ne peut être comparé qu'à celui d'une guerre nucléaire.

© Patrick Walmsley/Envision

Ci-dessus, à gauche : *Le zoo plancton, et notamment le krill, est l'un des maillons de base de la chaîne alimentaire. Les poissons, les baleines et presque tous les animaux marins s'en nourrissent. Les rayons ultraviolets qui franchissent la couche d'ozone peuvent exercer un effet néfaste sur le krill, et ainsi mettre en danger toute la faune marine.*

LA RAREFACTION DE L'OZONE ET LES OCEANS

Il suffit pour illustrer l'interdépendance des écosystèmes de notre planète de considérer deux segments de l'environnement : la couche d'ozone et l'océan. En effet, c'est à quelques dizaines de mètres sous la surface de l'océan que commence la chaîne alimentaire, là où vivent les minuscules — et parfois microscopiques — végétaux planctoniques.

Les formidables problèmes que nous avons créés en endommageant la couche d'ozone paraissent presque bénins en comparaison des maux que les rayonnements ultraviolets peuvent infliger au plancton, et partant, au reste de la chaîne alimentaire.

Les organismes planctoniques, qui constituent la plus abondante communauté vivante des océans, représentent un élément clé de l'équilibre alimentaire de ces océans. Avec la photosynthèse, le phytoplancton (plancton végétal) convertit l'énergie solaire en matière nutritive à l'intention du zooplancton (plancton animal). Celui-ci vient à son tour nourrir des êtres zooplanctoniques de plus grande taille, tels que le krill ; ce dernier est consommé par des poissons et animaux marins de grande taille, qui comprennent jusqu'aux baleines.

Bien que le krill occupe des eaux océaniques dans le monde entier, on trouve normalement

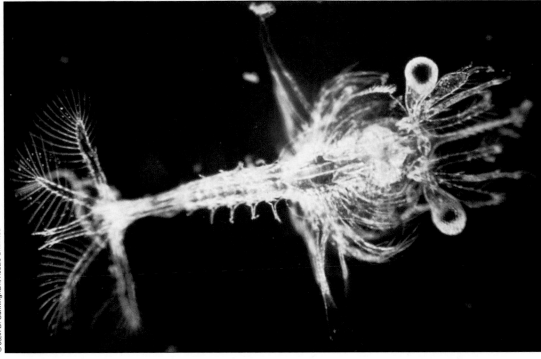

Ci-dessus : *Un cadavre de rorqual est drossé au rivage de Deal, dans le New Jersey. S'il est possible que cette baleine soit morte de causes naturelles, les scientifiques n'en ont pas moins découvert que les substances chimiques toxiques rejetées en mer mettaient en péril la vie de ces énormes mammifères marins.*

des concentrations particulièrement importantes de ces essaims de crustacés ressemblant à de petites crevettes molles au large des côtes antarctiques. En 1981, la population du krill était évaluée à une masse comprise entre deux cents millions et six milliards de tonnes. De nombreux oiseaux marins, poissons, phoques et baleines dépendent du krill qui constitue leur première source nutritive.

Le plancton des eaux de l'Antarctique remplit également une autre fonction d'importance : il réalise le cinquième de la photosynthèse de l'ensemble des océans.

Mais à des kilomètres au-dessus de l'hémisphère sud, la couche d'ozone se raréfie ; le rayonnement ultraviolet atteint plus abondamment les océans et le minuscule plancton qui y pullule. Dans le cadre d'études menées dans l'Antarctique, des échantillons d'eau exposés aux UV ont été comparés à d'autres, uniquement exposés à la lumière naturelle ambiante. Le phytoplancton était de trois à cinq fois plus productif dans le réservoir protégé des rayons ultraviolets ; l'eau soumise aux UV présentait en outre un rythme de photosynthèse inférieur.

Lorsque la surface des océans est calme, les radiations ultraviolettes peuvent pénétrer jusqu'à une profondeur de vingt mètres ou plus ; ainsi, même le phytoplancton vivant à ce niveau inférieur peut être soumis aux effets néfastes des UV.

Dans la mesure où un nombre immense d'êtres vivants doivent leur survie au plancton, toute modification substantielle intervenant dans le nombre ou la santé de ces organismes ne peut qu'avoir de profondes implications écologiques. Si le plancton, puis finalement le krill, devaient disparaître de cet écosystème, un effondrement de structure pourrait se produire. Tout l'écosystème marin de l'Antarctique serait en grave péril. Si enfin la chaîne alimentaire se rompait, l'humanité elle-même serait en danger.

Une raffinerie de pétrole près de Richmond, en Virginie. Le pétrole est une ressource non renouvelable. Les forages pétroliers offshore détruisent de fragiles habitats marins ; les opérations pétrolières terrestres entraînent le rejet dans l'atmosphère de divers polluants. Il nous faut réfléchir à la relation de dépendance qui nous lie au pétrole, et apprendre à tirer parti d'énergies de substitution.

LE PASSAGE A L'ACTION

En 1978, à la suite de la mise en garde contre la menace que faisait peser l'emploi des CFC sur la couche d'ozone, les Etats-Unis et quelques autres pays prirent la décision d'interdire l'usage des CFC en tant que propulseurs dans les bombes aérosols. Pourtant, la production de CFC pour d'autres usages s'est poursuivie. Les bombes aérosols constituent encore la plus importante source d'émissions de CFC dans l'atmosphère au niveau mondial — ces émissions atteignent deux cent mille tonnes par an. Le seul moyen d'exercer une action efficace implique à l'évidence des décisions concernant la production mondiale des CFC.

Le 16 septembre 1987, des représentants de vingt-quatre nations réunis à Montréal ont signé sous l'égide du Programme des Nations Unies pour l'environnement un protocole aux termes duquel la production de CFC devait à partir de juillet 1989 être réduite à un niveau ne dépassant pas celui de 1986. En 1999, les niveaux de production des CFC devraient être diminués de moitié. La production de halon, employé dans les extincteurs et responsable de dégagement de brome, sera dès 1992 gelée au niveau de 1986. En janvier 1990, cinquante-trois pays avaient adhéré au protocole de Montréal.

Ce protocole est certes un pas accompli dans la bonne direction, mais la gravité du problème de l'ozone est telle que le temps est un facteur aussi essentiel que la mondialisation de l'acceptation des termes de l'accord. Les dispositions consenties aux pays en voie de développement, qui prévoient des « périodes de grâce » de cinq et dix ans avant que la production de CFC soit limitée (mais non éliminée), en réduisent l'efficacité.

Les dernières données concernant l'expansion du trou dans la couche d'ozone ont suscité des ajustements au protocole de Montréal, qui reflètent le caractère pressant de la menace. Les règlements très stricts actuellement proposés par les délégués des pays signataires traduisent l'exigence d'une disparition totale de la production des CFC et des halons pour l'an 2000.

Le chlore continue de pénétrer dans l'atmosphère à une telle allure que la concentration de cette substance triplerait avant l'an 2075 même si la majorité des pays du monde adhérait au protocole. Tout le chlore et tout le brome présents dans l'atmosphère ne sont pas dus aux CFC, et pourtant, le protocole ne prévoit rien quant à certains autres produits chimiques qui contiennent ces substances destructrices d'ozone.

Rétrospectivement, on se rend compte qu'une interdiction mondiale des CFC aurait pu être imposée peu après la découverte du phénomène de destruction de l'ozone par ces produits. Dans l'éventualité où nous parviendrions à stopper toute production de CFC à la fin de ce siècle, leur effet maximal se fera néanmoins sentir vers l'an 2015. Selon le scénario le plus optimiste, le trou dans la couche d'ozone ne sera pas réparé avant que les trois quarts du siècle prochain ne se soient écoulés.

De nombreux organismes de protection de l'environnement pensent que la Terre ne peut attendre une réduction progressive de la production des CFC, et cherchent à obtenir le plus rapidement possible une élimination totale de tous les produits destructeurs d'ozone.

L'industrie américaine, qui reconnaît l'urgence avec laquelle doit être opérée la réduction de la production des CFC, a entrepris de rechercher des substituts acceptables de ces substances. La firme du Delaware Du Pont, principale productrice de CFC au monde, consacre des millions de dollars à un programme de recherche en ce sens. Allied Signal, du New Jersey, deuxième producteur de CFC des Etats-Unis a mis sur pied à la fin de 1989 un plan de recherches de deux cent cinquante millions de dollars destiné à formuler des solutions de remplacement.

Un porte-parole de la société Allied Signal a indiqué que les produits chimiques employés à la place des CFC affaibliront encore la couche d'ozone, mais qu'ils seront toutefois beaucoup moins nocifs que les chlorofluorocarbones. Les groupes de défense de l'environnement craignent que ces CFC « doux » favorisés en remplacement des CFC « durs » n'aient pour effet d'aggraver le problème du réchauffement planétaire, tout en n'apportant qu'une amélioration partielle dans le domaine de la raréfaction de l'ozone. En réaction à l'annonce de Du Pont, l'association Friends of the Earth-Canada a tenu à rappeler au public qu'il existait dès maintenant des moyens plus sûrs de réduire l'emploi du CFC-11. Son utilisation en réfrigération peut être réduite de moitié à court terme, par une amélioration de la conception des appareils, ainsi que par l'adoption d'une politique plus responsable d'entretien et de recyclage.

Bien que nous sachions que la couche d'ozone, essentielle pour la santé de notre planète et de tous les êtres vivants qui l'occupent, soit en passe de s'épuiser, nous continuons sans réfléchir à détruire notre atmosphère.

Au contraire d'un lac obscurci par les taches d'huile ou un coteau jonché d'ordures, nous ne pouvons voir immédiatement les effets de la raréfaction de l'ozone. La couche d'ozone s'étend loin au-dessus de nous, mais elle n'en est pas moins essentielle à notre bien-être. Seul un voile diaphane d'ozone nous protège de nous-mêmes.

© Jim Howard/FPG International

© George Wuerthner

En bas : *Des paysages tels que celui-ci sont des monuments élevés à la triste gloire de notre mode de vie quotidien. Le fait que nos sociétés soient fondées sur le pétrole a entraîné la pollution de vastes régions de notre planète. Or les besoins de base en matière de production d'énergie, de transports et de consommation matérielle pourraient être satisfaits par des moyens plus simples, et plus sûrs pour l'environnement.* **En haut :** *La raffinerie Arco Oil de Philadephie, en Pennsylvanie. A mesure que nous exploitons des gisements pétroliers enfouis toujours plus profondément dans le sous-sol, notre style de vie exige sans cesse davantage de ce précieux liquide.* **En bas :** *Invisible, et pourtant indispensable à notre survie en tant qu'espèce, la couche d'ozone nous protège des radiations solaires.*

L'OCEAN

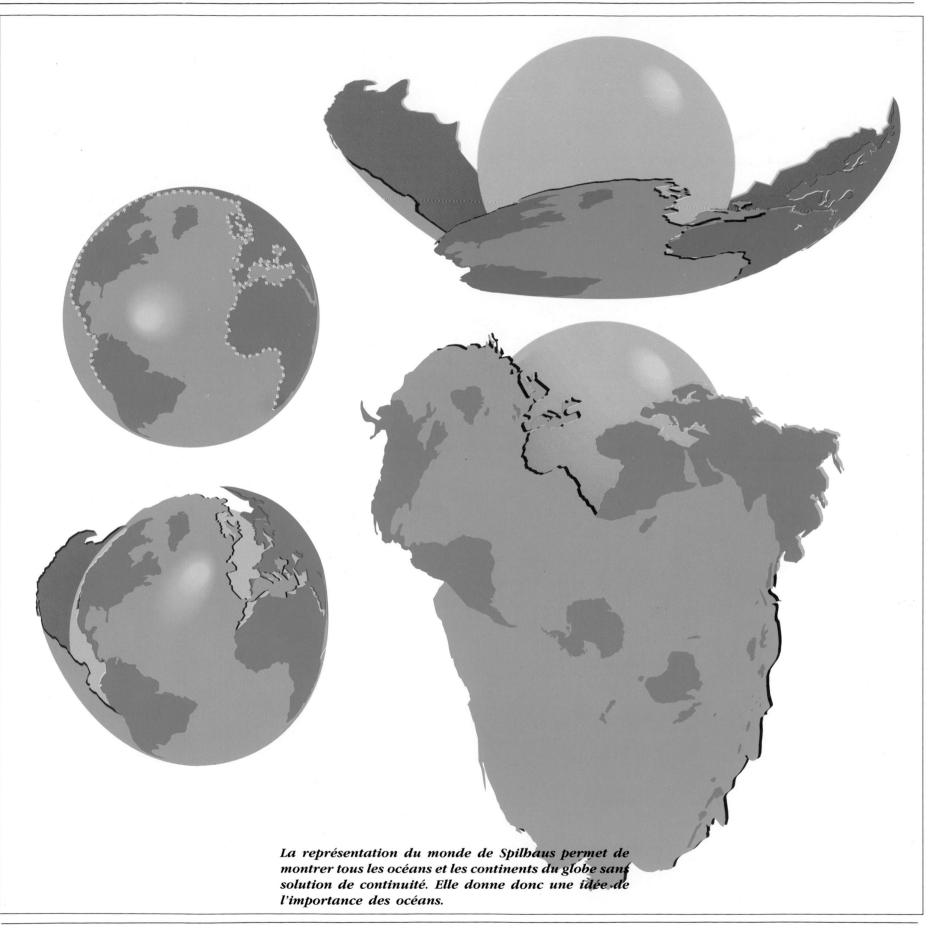

La représentation du monde de Spilhaus permet de montrer tous les océans et les continents du globe sans solution de continuité. Elle donne donc une idée de l'importance des océans.

L'immensité des océans fait que nous vivons sur une planète « aqueuse ». Tout comme les océans enveloppent de soixante et onze à soixante-treize pour cent de la surface du globe, note propre corps est constitué à soixante-dix pour cent d'eau. Cette eau permet la vie.

Si la Terre était plus éloignée du Soleil, toute son eau gèlerait. Si elle en était plus proche, la chaleur vaporiserait cette eau. Mais la situation de notre planète autorise précisément la présence de l'eau, et donc de la Vie. L'énergie solaire et la pesanteur ont pour conséquence un déplacement de l'eau, des océans vers l'atmosphère où elle s'évapore (l'eau des lacs, des cours d'eau, du sol et des végétaux est également transportée vers le haut) ; l'eau présente dans l'atmosphère retombe sur les terres et les océans sous forme d'eau douce ; enfin l'eau des terres émergées retourne vers les mers et océans. Ce cycle continuellement répété assure la répartition de l'eau sur notre planète et permet à la Vie de s'y maintenir.

L'immensité des océans est trompeuse. On y voit une inépuisable réserve d'eau utilisable ; pourtant, bien que 97,1 % de l'eau présente sur Terre soit contenue dans les océans et les lacs salés, elle ne peut être employée pour l'agriculture ou la consommation humaine. En fait, seul 0,003 % de la quantité totale d'eau peut être considérée comme exploitable ! Les glaciers, les calottes glaciaires, l'atmosphère et les profondeurs du sol contiennent 2,9 % de l'eau douce de la Terre, mais elle est inaccessible. Ainsi, il ne reste que 0,32 % de l'eau sous forme d'eau douce des lacs, des cours d'eau et des nappes souterraines ; mais 99 % de ces sources sont éliminées par la pollution ou une situation trop reculée.

Il est également aisé de mal juger de la répartition de la vie dans les océans. Elle est presque entièrement concentrée au long des côtes, sur les plates-formes continentales. Cette zone représente moins du dixième de la superficie totale des océans, et pourtant les neuf dixièmes de la vie marine s'y concentrent ; 98 % des prises de poissons sont effectuées à moins de deux cent milles marins (trois cent soixante-dix kilomètres) des terres. Il est tragique de constater que c'est à ces habitats critiques proches des plateaux continentaux que nous infligeons la majeure partie de nos activités polluantes.

La taille des océans a constitué à travers l'histoire une justification pour les hommes qui la remplissaient de toutes sortes de débris dont ils ne voulaient plus, et continuent d'y déverser explosifs et déchets radioactifs, eaux usées et munitions. Selon le raisonnement qui sous-tend une telle attitude, l'océan serait si vaste qu'il ne pourrait jamais être saturé au point de ne pouvoir remplir ses fonctions. Durant l'industrialisation de l'Amérique, les usines se sont implantées près des cours d'eau, afin de bénéficier d'une source d'énergie. Les côtes devinrent aussi le site d'installations industrielles, en raison des facilités de transport maritime. L'étape suivante fut de faire de ces voies navigables des décharges.

Malgré cela, le mythe persiste qui veut qu'un réservoir d'eau aussi immense que l'océan soit capable de supporter tout ce que l'on y jette. Pourtant, la toxicité et les quantités de produits et matériaux déversés dépassent la capacité de l'océan à se purifier de lui-même.

© Maurice Tremblay/GreenPeace

Les débris d'une société de gaspillage, qui jonchent la plage d'Atlantic City, dans le New Jersey, montrent que l'on n'échappe pas éternellement aux conséquences de ses actes. Que nous procédions à des rejets en mer, que nous enterrions nos ordures sous des remblais ou que nous les brûlions en envoyant des tonnes de polluants dans le ciel, tous ces déchets reviennent sur Terre sous une forme ou une autre, pour polluer les lieux où nous vivons.

LE LITTORAL DU NEW JERSEY

Greenpeace a examiné le déclin d'une zone de l'océan dans un apport intitulé « The Mid-Atlantic Coastline : Ecosystem in Distress », qui fait la chronique de la dégradation systématique d'une section de la côte est des Etats-Unis. En étudiant ce segment de littoral, peut-être pouvons-nous commencer à comprendre comment d'autres côtes en viennent à être polluées.

Le « Mud Dump », situé à dix kilomètres au large de Sandy Hook, dans l'Etat du New Jersey, a été créé en 1914 pour accueillir des matériaux dragués dans le port de New York. Chaque année depuis 1983, des quantités de matériaux qui suffiraient à remplir trois fois la grande tour du World Trade Center y sont déversées. L'EPA indique que de tels déversements provoquent l'enfouissement des organismes benthiques (vivant sur les fonds marins), la réduction de la teneur en oxygène de l'eau, et une élévation des concentrations de bactéries et de substances toxiques telles que les PCB (ces « polychlorobiphényls » étaient jadis largement employés dans les peintures, les plastiques et les produits de caoutchouc, ainsi que dans les équipements électriques et de transfert de chaleur). Le lien a été établi entre les PCB et des malformations chez certains nouveau-nés Ces dangereuses substances sont omniprésentes : on les trouve dans l'organisme de manchots de l'Antarctique, dans le plancton du golfe du Saint-Laurent, dans le lait de mères allaitant leur enfant. L'EPA a rapporté qu'une étude de 1975 portant sur des mères nourrissant leur bébé au sein a montré la présence de PCB dans le lait d'un tiers d'entre elles. La production des PCB a été interdite aux Etats-Unis à la fin des années 1970, mais ils continuent de s'infiltrer à partir des sources existantes et de certains sous-produits industriels.

De 1924 à 1987, les vidanges municipales sont venues se déverser sur le site de « Twelve Mile Sewage Sludge », à une douzaine de milles (une vingtaine de kilomètres) à l'est de Sea Bright, dans le New Jersey. De 1972 à 1987, soixante-quinze millions de tonnes de vidanges humides ont été acheminées jusqu'à ce site et déversées par à peine vingt-cinq mètres de fond. Selon l'EPA, les dépôts de vidanges apportent chaque année plus de quatre mille tonnes de métaux lourds — plomb, arsenic, mercure, cadmium, etc. — à l'écosystème marin. Le site de « Twelve-Mile » a été fermé en 1987, en raison de l'impact négatif des déversements sur la santé publique et l'environnement.

Plus de trois cent mille mètres cubes de gravats sont déversés annuellement sur le « Cellar Dirt Site », choisi en 1940 à une dizaine de kilomètres au large de la côte du New Jersey.

Le « dépotoir des déchets acides » (« Acid Wastes Dump »), situé à environ vingt-quatre kilomètres à l'est de Long Branch (New Jersey), est utilisé depuis 1948. On estime à plus de cinquante mille tonnes la masse des déchets industriels qui y sont déversés chaque année. Sur les photos infrarouges prises par satellite de ce dépotoir, le site paraît rose vif, ce qui indique que des produits chimiques très divers y sont mêlés et aveuglément déversés.

De 1960 à 1968, l'armée américaine a rempli la coque de vieux navires désarmés de milliers

© Peter Dombrovskis/Envision

de tonnes d'explosifs et de munitions chimiques (comprenant notamment du gaz moutarde et des gaz neurotoxiques). Ces navires ont ensuite été sabordés à quelque trois cent vingt kilomètres du littoral du New Jersey, et en d'autres points au large des côtes. (Entre juin 1986 et mars 1987, au moins sept cent cinquante dauphins souffleurs se sont échoués sur les rivages de la côte est, et plus précisément sur les côtes du New Jersey pour la plupart d'entre eux. Ces animaux présentaient des signes de troubles respiratoires, et leur corps était constellé de lésions — ce sont là des symptômes que provoque le gaz moutarde. Robert Schoelkopf, directeur du Marine Mammal Stranding Center de Brigantine (New Jersey), a tenté d'établir un lien entre la mort de ces dauphins et l'insidieuse cargaison envoyée par le fond vingt ans auparavant. Le rapport n'a pu être établi, bien que le site des dépôts fasse depuis treize ans l'objet d'études afin de déceler d'éventuelles fuites.)

Le « site du brûlage de bois » à vingt-sept kilomètres à l'est de Point Pleasant (New Jersey) — a été ouvert au milieu des années soixante. Chaque année, quarante-quatre mille tonnes de bois provenant de constructions détériorées sont brûlées ; le bois est couvert de créosote, de goudron et de produits protecteurs. La combustion de ce bois traité dégage des substances hautement toxiques, telles que dioxine et furane, qui sont libérées dans l'air. Certains débris sont emportés par les flots viennent s'échouer sur la grève et blessent des baigneurs.

Le « Site 106 », à cent six milles (environ cent soixante-dix kilomètres) à l'est de Cape May, est une zone d'océan de deux cent soixante kilomètres carrés (soit cinq fois la superficie de Manhattan), où en 1988 quatorze milliards de tonnes d'eaux usées et vidanges ont été déversées, qui comprenaient quatre mille tonnes de métaux lourds et une quantité inconnue de produits

© Jeffrey Sylvester/FPG International

Ci-contre : *Une côte rocheuse de Tasmanie, et une conduite d'égout (ci-dessus) qui déverse ses vidanges dans l'Atlantique dans le New Jersey.*

*A mesure que des zones toujours plus vastes des ha-
bitats marins sont exposées aux effets des polluants,
des scènes de ce genre se reproduisent plus fréquemment. Très sensibles aux changements de température
de l'eau, les poissons sont souvent tués par les rejets
d'eau de refroidissement des centrales nucléaires.*

chimiques organiques hautement toxiques. Le Site 106 est placé sur la route des migrations
d'espadons, de thons et d'autres poissons faisant l'objet d'une pêche intensive. Entre plateau
continental et Gulf Stream, le site est soumis à des tourbillons chauds qui se déplacent dans
une direction ouest/sud-ouest. Depuis le New Jersey, ces tourbillons gagnent les Outer Banks
de Caroline du Nord, avant de se mêler de nouveau aux eaux du Gulf Stream. Ces mouvements
naturels de l'eau ont pour effet un étalement des eaux contaminées dans une zone plus vaste
que le seul site pollué. Les animaux marins en danger suivent les tourbillons.

La côte méso-atlantique nous rend aujourd'hui la monnaie de notre pièce. Au cours de
ces dernières années, même les poissons vivant dans les profondeurs et loin du littoral ont
subi les conséquences de la pollution.

Nos activités sur terre comme en mer ont à l'évidence été menées hors de toute conscience
ou réflexion sur l'avenir de notre monde. Nous traitons le grand océan donneur de vie comme
une poubelle destinée à recevoir nos déchets les plus instables. Malheureusement, la situation
de la côte Est des Etats-Unis n'est en aucun cas unique.

© Michael Kingsford/Envision

LES DEVERSEMENTS DE VIDANGES

L'océan est encore le principal réceptacle des eaux usées et vidanges du monde. Si quelques nations telles que les Pays-Bas et la Norvège s'efforcent de trouver des solutions, la situation en Europe varie dans d'importantes proportions selon les pays. Les courants qui circulent au large des côtes anglaises ramènent les eaux usées vers le continent, et c'est ainsi que les Pays-Bas sont au premier chef frappés par la pollution.

Aux Etats-Unis, la promulgation en 1988 de l'« Ocean Dumping Act » (aux termes duquel les déversements de vidanges dans la mer doivent cesser avant le 31 décembre 1991, sous peine de pénalités) n'a pas mis un terme au problème. Après cette date limite, le déversements dans l'océan coûteront simplement plus cher. Les pollueurs se contenteront de payer les amendes car ils n'ont défini aucun plan de traitement sur terre de ces boues.

Il faudrait construire des installations de transformation des vidanges en compost. Des lois très strictes empêchant l'industrie chimique de déverser ses déchets dans les égouts doivent tout d'abord être votées.

Le pont d'une barge chargée de déchets. Leur déversement en mer introduit dans l'écosystème marin de milliers de tonnes de métaux lourds, qui mettent en danger la santé de l'habitat de la faune et de la flore marines. Les pêcheurs constatent une augmentation de la proportion d'animaux malades dans leurs prises.

LES EAUX USÉES PAR L'INDUSTRIE

Le sort des eaux usées par l'industrie est particulièrement préoccupant. Pour les Etats-Unis seuls, leur volume total est de vingt-trois milliards de mètres cubes par an ! Les trois quarts en sont déversés directement dans les cours d'eau les plus proches. L'industrie est le principal responsable de l'apport de métaux lourds et de « produits chimiques organiques toxiques » dans les installations publiques de traitement des eaux usées. Selon l'EPA, le secteur industriel est en effet responsable des quatre cinquièmes de tous les déchargements de métaux lourds et plus des neuf dixièmes des polluants organiques les plus nocifs, alors même qu'il ne représente que douze pour cent du flux total.

Les POWT sont essentiellement conçus pour traiter les organismes pathogènes, les déchets solides et les odeurs. Des systèmes plus évolués peuvent débarrasser les boues d'une portion des éléments nutritifs qu'elles contiennent. Toutefois, aucun POWT n'est équipé pour traiter les métaux lourds couramment déversés dans les égouts municipaux, non plus que les produits chimiques organiques toxiques qui échouent eux aussi dans les réseaux d'égouts. Ces substances dangereuses, ainsi que les eaux usées traitées, sont rejetées dans les cours d'eau, se déposent dans les boues ou (pour les produits chimiques les plus volatils) sont libérés dans l'atmosphère.

Pour prendre un exemple typique, intéressons-nous à l'usine de la firme pharmaceutique Ciba-Geigy de Tom's River, dans le New Jersey. Depuis 1966, cette société se débarrasse de ses déchets au moyen d'une conduite qui s'avance jusqu'à huit cents mètres dans l'océan.

Cette firme prétend que huit millions de litres (huit mille mètres cubes) d'eau usée par des substances chimiques passaient chaque jour par ses installations de traitement, avant d'être déversés dans l'océan par l'intermédiaire de la conduite ; mais l'organisation de protection de l'environnement Save Our Ocean, qui a lutté pour que la conduite soit « fermée », dispose de rapports montrant que la quantité effectivement rejetée était en fait de treize millions de litres par jour, voire vingt-sept millions de litres pour vingt-quatre heures. Une étude récemment effectuée en laboratoire et soumise au département de la Protection de l'Environnement de l'Etat du New Jersey a permis de déterminer que le sable et l'eau des abords de la conduite contenaient du cadmium, du mercure, du nickel, du chrome, du benzène, des hydrocarbures chlorés et des PAH, un des produits chimiques les plus cancérigènes. Bien que Ciba ait tenté de convaincre le public de l'innocuité de ses rejets, du fait d'un traitement préalable suffisant, une autre étude récente a montré que les eaux traitées étaient encore si impures que trente millions de doses mutagènes de produits chimiques étaient déversées chaque jour dans l'océan.

Tom's River est connue pour être un lieu de concentration des cancers. L'un des sites nécessitant une action urgente de nettoyage dans le cadre du « Superfund » (c'est-à-dire au niveau fédéral) se trouve dans l'enceinte des installations de Ciba-Geigy, où au moins cent mille fûts de déchets toxiques sont enterrés. Des fuites se produisent, qui entraînent une contamination des puits dans les environs.

A gauche : *Des substances sont rejetées dans une rivière par une usine voisine. L'utilisation des cours d'eau comme réceptacle des effluents industriels et urbains est une cause importante de pollution marine, car tous les fleuves se jettent dans la mer. En maintenant la propreté des cours d'eau, nous pourrions améliorer la santé des océans.* **Ci-dessus :** *Autre exemple de déversement intempestif de déchets.*

LA MER DU NORD

La mer du Nord est actuellement le seul site d'incinération de déchets toxiques en haute mer.

La mer du Nord est un autre « point chaud » victime d'une pollution généralisée. Le World Watch Institute rapporte que dix mille tonnes de métaux lourds et quatre millions cinq cent mille tonnes de vidanges y sont rejetées chaque année. Greenpeace a appris au monde que les pays bordant la mer du Nord voyaient l'échouage de très nombreux animaux marins morts, la prolifération d'algues, et d'innombrables prises de poissons malades.

Pourtant, cette région vulnérable est de nouveau attaquée, du fait cette fois de l'emploi d'une technique qui a déjà eu pour conséquence l'empoisonnement des terres : l'incinération.

Les navires incinérateurs qui sillonnent la mer du Nord brûlent des déchets toxiques liquides. Cette idée a d'abord été mise en pratique par la R.F.A., en 1969, pour éviter de déverser directement les déchets toxiques dans l'océan.

La convention de Londres, qui depuis 1972 exerce une action de régulation des déversements de déchets toxiques en haute mer, qualifiait l'incinération en mer de méthode provisoire. Dans le cas présent, le provisoire dure depuis près de vingt ans. A la conférence des ministres de la mer du Nord de 1988 a été adoptée une résolution prévoyant que l'incinération à bord de navires devait cesser dans cette mer avant 1995 — or c'est le seul site où sont brûlés des déchets toxiques.

Cependant, on ne peut s'attendre à ce que l'industrie de l'incinération en mer (qui en 1990 a réalisé un chiffre d'affaires de deux milliards de dollars) disparaisse purement et simplement. Greenpeace a localisé des représentants de cette industrie au Canada, en Irlande, dans le Pacifique Sud et aux Antilles. Les pays du Sud, lancés dans une quête désespérée d'un niveau de vie équivalent à celui des nations de l'hémisphère Nord, produisent eux aussi des déchets toxiques dont il leur faut se débarrasser.

L'argument le plus logique que l'on puisse opposer à l'incinération en haute mer est lié à la possibilité d'un accident. Pourtant, après avoir soupesé les « avantages » et les « inconvénients » de l'incinération en mer, le gouvernement américain a envisagé en 1986 de brûler dans l'Atlantique Nord deux millions six cent soixante mille litres de pétrole additionné de PCB. Ce pétrole devait tout d'abord être acheminé jusqu'à un lieu d'où il pourrait être chargé à bord d'un navire, ce qui lui aurait fait parcourir près de deux mille quatre cents kilomètres par voie terrestre, d'Emelle (en Alabama), site de la plus vaste décharge de déchets toxiques, jusqu'à Philadelphie (en Pennsylvanie).

Les données dont nous disposons au sujet du transport terrestre des matériaux toxiques ne sont guère reluisantes. Le ministère des Transports américain indique que douze accidents impliquant des morts, des blessures graves et/ou des dégâts pour plus de cinquante mille dollars se produisent quotidiennement aux Etats-Unis. Selon la U.S. Coast Guard (gendarmerie maritime), quelque quatre cent cinquante tonnes de produits polluants ont été déversés dans les eaux américaines en 1984 à la suite d'accidents d'origine terrestre.

En référence au potentiel d'accidents découlant de l'incinération expérimentale envisagée dans l'Atlantique Nord en 1986, un rapport officiel établi à l'issue d'une étude d'impact sur l'environnement a admis qu'une fuite pourrait signifier « un grave danger pour la santé publique... le nettoyage serait difficile et coûteux, pour autant qu'il soit possible. Les conséquences de la contamination pourraient être étendues et peut-être durables. » A l'instar des incinérateurs d'ordures, les navires qui brûlent les déchets en haute mer créent plus de pollution qu'ils n'en éliminent. Outre le fait que tous les matériaux placés dans l'incinérateur ne sont pas détruits, de nouvelles substances toxiques se constituent lors du processus d'incinération. Les scientifiques savent que la dioxine, le furane et d'autres composés hautement toxiques figurent parmi ces substances, mais nul ne sait avec certitude ce que sont les propriétés de ces nouveaux produits chimiques.

Une nouvelle manière d'aborder le problème des déchets a été définie par des écologistes qui estiment que ce que la plupart des gens appellent « ordures » sont en fait des ressources non exploitées et jetées... pour être ensuite reconstituées au prix de dépenses gigantesques en termes de temps, d'énergie et d'argent. Au lieu de consacrer des milliards de dollars à essayer de perfectionner la façon de détruire par incinération les matériaux mis au rebut,

Les poissons suffoquent dans les eaux polluées. Les détergents contenant des phosphates stimulent la croissance de la végétation dans les cours d'eau et les lacs, d'où un manque d'oxygénation qui asphyxie les poissons. Lisez les étiquettes des produits que vous achetez.

nous ferions mieux de consacrer nos efforts à leur récupération. La crise des remblais de décharges vient opportunément rappeler au niveau local que l'on ne peut gérer une société de gaspillage sur une planète « finie »... mais d'autres dangers majeurs, dont l'effet de serre et les dommages infligés à la couche d'ozone, nous montrent que les activités humaines sont une menace pour le monde où nous vivons. Nous ne pouvons continuer comme si de rien n'était. Ainsi, tant du point de vue de la planification locale que dans une perspective planétaire, il nous faut chercher les moyens de passer de la gestion des déchets à la gestion des ressources.

Des programmes de réduction des déchets et de réemploi sur place sont aujourd'hui menés à bien. A Bonn, en Allemagne, des industriels perfectionnent leurs méthodes de recyclage afin de prélever dans les déchets toxiques les ingrédients qui peuvent être réutilisés. De nouvelles techniques permettent de tirer parti du potentiel calorifique des déchets : celui-ci est exploité de manière à rendre les opérations industrielles plus efficientes. La mise en application de ce type de stratégie traduit un effort conscient pour modifier les habitudes de mauvais traitements infligés à l'environnement. L'étape suivante devrait consister à supprimer graduellement toute production de substances toxiques, et à remplacer celles-ci par des substances inoffensives.

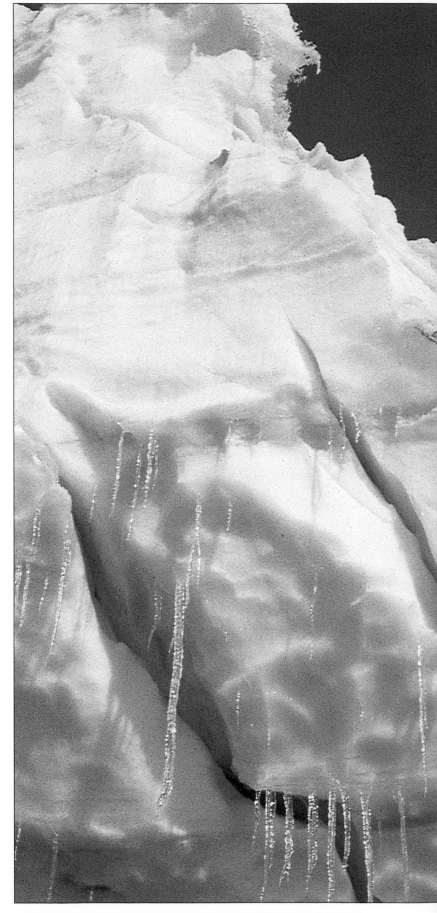

L'EFFET DE SERRE ET L'OCEAN

Une interdiction de l'incinération en haute mer doit être imposée, au nom de la sauvegarde de notre atmosphère martyrisée. La possibilité de produire davantage de gaz « à effet de serre » et l'aggravation de l'affaiblissement de la couche d'ozone devraient constituer un avertissement suffisant.

L'une des fonctions de l'océan est d'emmagasiner et de distribuer l'énergie solaire. Sans cet effet stabilisant, les changements climatiques seraient beaucoup plus rapides.

Lorsque l'on évoque l'effet de serre dans ses rapports avec l'océan, il convient de considérer un facteur parfois désigné sous le nom de « délai thermique » : il existe en effet un délai de dix à cinquante ans entre le moment où les gaz « à effet de serre » sont libérés dans l'atmosphère et celui où leur plein effet réchauffant peut être évalué. Il faut beaucoup plus longtemps pour réchauffer les océans que l'atmosphère. Plus le réchauffement dû au gaz est important, plus le délai thermique océanique est long. Par exemple, si le doublement de gaz carbonique dans l'atmosphère avait pour résultat un réchauffement de 4 °C, le laps de temps écoulé avant que les effets de ce réchauffement se fassent pleinement sentir serait de cinquante à cent ans. Si au contraire la même quantité de gaz carbonique avait pour conséquence un réchauffement de 1,5 °C, ce laps de temps pourrait être réduit à quinze ans.

Au cours du siècle écoulé, il s'est produit un réchauffement de 0,4 °C de l'océan. En conséquence, le niveau moyen des mers s'est élevé de dix à quinze centimètres. La poursuite du réchauffement aura pour effet une accélération de cette élévation. Les scientifiques prévoient une montée des eaux de trente centimètres, dont un centimètre et demi dès le milieu du siècle à venir. Les effets d'une telle élévation seront d'une immense ampleur. Les cyclones tropicaux pourraient apparaître plus fréquemment et être plus violents. Les îles et les régions littorales seraient sujettes à des inondations. L'intrusion des eaux salines réduirait les réserves d'eau douce dont disposent les zones côtières. Une montée du niveau des mers de un à deux mètres avant l'an 2100, engloutirait cinquante à quatre-vingts pour cent des marécages côtiers d'Amérique. Une montée de trente centimètres éroderait les plages sur une profondeur de vingt à soixante mètres. La fonte des glaciers alpins et de ceux du Groenland ajouterait de vingt à soixante centimètres l'élévation du niveau des mers, dès 2100.

A gauche : *Une boîte de soda repose sous la mer. Certaines firmes sont favorables à la création de récifs artificiels à base d'ordures et de déchets dangereux, qui viendraient remplacer les récifs naturels détruits par les déversements de produits chimiques et d'autres formes d'exploitation sous-marine.* **A droite :** *Le glacier de Cape Bird, dans l'île de Ross, en Antarctique. Le réchauffement planétaire provoquera à terme une élévation du niveau des mers.*

Les résidus des activités humaines s'amassent au fond des océanse. Dans cet environnement défiguré, des poissons et d'autres animaux marins tentent de trouver une nourriture qui leur permette de rester en vie et en bonne santé.

LA DISPARITION D'HABITATS

Dans la mesure où l'océan paraît être une ressource illimitée, les rapports que nous entretenons avec lui ont toujours été fondés sur l'exploitation. La pollution est en train de tuer nos récifs coralliens et d'autres écosystèmes uniques en leur genre, qui constituent des maillons essentiels de la chaîne alimentaire. En nous en prenant à ces écosystèmes, nous mettons à mal la faculté qu'a l'océan de produire les quantités de poissons dont dépend notre consommation de protéines.

Prenons l'exemple de la région des îles Philippines, où quatre-vingt-quinze pour cent des récifs coralliens ont été détruits par la pêche au cyanure. Cette méthode de pêche fit son apparition voici une dizaine d'années, après qu'une société de Manille eut découvert un moyen simple et lucratif de fournir des poissons tropicaux aux boutiques spécialisés des Etats-Unis et d'Europe. Cette firme paya des pêcheurs pour injecter du cyanure de sodium industriel dans les récifs coralliens proches du littoral. Assommés, les poissons remontaient à la surface, où il était aisé de les prendre dans des filets. Ces poissons mouraient prématurément quelques mois plus tard, mais à ce moment ils avaient déjà été vendus aux boutiques spécialisées.

La pêche au cyanure est illégale aux Philippines, mais les lois sur la protection de l'environnement n'y sont pas appliquées. (Certains pêcheurs emportent des mitrailleuses aussi bien que des filets à bord de leurs bateaux.) Le propriétaire de la firme de Manille a admis que son activité impliquait l'importation en contrebande du produit en cause, et donc la corruption de certains fonctionnaires. L'International Marinelife Alliance, qui dispose d'une branche aux Philippines, enseigne désormais aux entreprises de pêche d'autres manières de capturer les poissons : aujourd'hui, des plongeurs les chassent en direction des filets.

La société responsable de la destruction des récifs déclare avoir abandonné l'emploi du cyanure mais, étant donné le quasi-anéantissement des récifs, et les effets à long terme de la pollution de l'eau par le cyanure, quel était donc le coût réel d'un joli poisson ?

Les trésors de l'océan sont souillés d'une autre manière dans le Pacifique Nord, où l'on pratique une véritable « extraction à ciel ouvert » sur cinquante à soixante mille kilomètres d'océan. Dans cette étendue relativement vide d'océan, au nord de Hawaii, au sud des Aléoutiennes, à l'est du Japon et à l'ouest de la Californie, des navires de pêche à la traîne japonais sont en action depuis le début des années 1980. Chaque soir, au crépuscule, chacun des sept cent cinquante à mille bateaux de cette flotte de pêche nippone, travaillant de quatre à dix mois de l'année, lance son filet dérivant pour capturer des calmars. Chaque filet, long d'une cinquantaine de kilomètres, dresse sous les vagues un mur de neuf mètres. Au matin, on emploie des radars pour relever les filets, où on y trouve toutes sortes de poissons, des phoques, des dauphins et des marsouins.

Les équipages des chalutiers retiennent les poissons et rejettent les autres animaux morts amassés dans les filets. Nombre de ces filets, perdus ou abandonnés, dérivent au gré des

Ci-contre : *Une pêche sans vergogne, effectuée à l'aide de filets dérivants meurtriers, a pour résultat la capture non seulement de poissons et de calmars mais aussi d'oiseaux, de phoques, de dauphins et de marsouins.* **Ci-dessus :** *Ce dauphin souffleur de l'Atlantique a été étouffé par le filet en matière plastique qui lui enserre le cou.*

flots et ils prennent au piège poissons et mammifères marins sans méfiance qui deviennent alors les proies d'autres animaux marins (oiseaux par exemple) ; ceux-ci sont bientôt empêtrés à leur tour. Des dizaines de milliers de marsouins et de dauphins sont tués chaque année dans les filets dérivants (tous les ans, de trente-cinq à cinquante mille phoques à fourrure périssent ainsi).

Les pays qui s'adonnent à cette abominable pratique sont le Japon, la Corée du Sud et Taïwan. La région dans laquelle ils opèrent est l'une des zones de pêche les plus riches du monde — cette étendue froide où abondent les éléments nutritifs regorge en effet de poissons de toutes espèces. Les saumons et les truites de mer qui migrent des Etats américains de l'Oregon et de Washington, ou de la province canadienne de Colombie britannique, se dirigent vers le Pacifique Nord. En 1988, les pêcheurs de l'Alaska s'attendaient à prendre quarante millions de saumons roses. Ils n'en ont en fait pris que douze millions. Les poissons manquants étaient probablement des sujets immatures qui avaient été piégés dans les filets dérivants avant d'avoir pu regagner les torrents nord-américains pour y frayer.

Les flottes de pêche à la traîne savent qu'il est illégal de prendre ou de retenir les jeunes truites et saumons ; mais ces poissons sont fort appréciés en Europe, aussi le massacre se poursuit-il.

Les biologistes sont extrêmement préoccupés par les répercussions que ne manqueront pas d'avoir sur l'écosystème du Pacifique Nord ces prélèvements exagérés. Si les prises sont abondantes et soutenues année après année, l'équilibre de la chaîne alimentaire s'en trouvera modifié, car de trop nombreux maillons en auront été ôtés.

Les trois pays qui participent aux opérations de pêche à la traîne dans le Pacifique Nord ne sont pas entravés par des lois ou des règlements. Des porte-parole de chacune de ces nations ont déclaré que les prises involontaires d'animaux marins étaient « minimes ». Mais des écologistes ont proposé de suivre les mouvements des navires nippons : le Japon s'y est opposé...

Les défenseurs de l'environnement font pression pour que la pêche au filet dérivant soit interdite. Conformément à un accord récemment conclu entre les Etats-Unis, le Canada et le Japon, des observateurs ont été autorisés à suivre pendant une période de deux à quatre mois les activités de quatre pour cent de la flotte de pêche à la traîne japonaise. Certains membres du Congrès américain jugent que cet accord constitue un important premier pas. D'autres prétendent le contraire. Pendant ce temps, les flotilles taïwanaises et sud-coréennes continuent de ratisser la mer sans surveillance.

Une tortue marine (Caretta Kempii) *empêtrée dans un filet, illustration des conséquences d'une technologie appliquée sans aucun sens des responsabilités.*

Une tortue marine (Caretta caretta) *monte vers la surface pour happer un sac en plastique ressemblant à une méduse. L'ingestion de plastique provoque la mort d'oiseaux, de tortues et d'autres animaux marins.*

LE PLASTIQUE MEURTRIER

Les filets dérivants ne sont pas les seuls objets de plastique dans l'océan. Les activités de l'industrie des matières plastiques, les déversements des égouts en mer et le transport des déchets solides par barges ont pour conséquence un accroissement de la présence de plastique dans l'océan. Dans le cadre d'une étude récemment conduite en Caroline du Nord sur deux cent quarante kilomètres de plages, huit mille sacs en plastique ont été ramassés en trois heures de marche. Non loin du rivage, une tortue marine a été retrouvée avec quinze sacs dans l'estomac ; une baleine en avait avalé cinquante.

Il n'est que trop aisé pour les animaux marins de confondre des débris de plastique avec de la nourriture. Une tortue repérée au large de New York avait ingéré cent soixante-dix-sept mètres de fil de pêche de forte section.

Après avoir été synthétisé à partir de substances pétrochimiques, le plastique se présente sous une forme brute de granules, que même des chercheurs en laboratoire peuvent confondre avec des œufs de poissons. Une étude réalisée sur des oiseaux marins de l'Alaska a montré que soixante-dix pour cent du plastique prélevé dans l'eau par ces animaux l'était sous forme de granules. Les scientifiques pensent que les oiseaux choisissent ces granules de préférence à d'autres débris, en raison de leur ressemblance avec des œufs de poissons, des yeux de poissons ou de calmars, et des organismes planctoniques.

Il n'est pas besoin qu'un animal marin ingère le plastique pour en être victime : les phoques succombent du fait des anneaux qui retiennent les packs de bière ; ceux-ci se prennent autour de leur cou, et lorsque les animaux grandissent ils se trouvent étranglés. Poissons, oiseaux et lions de mer se prennent aussi dans ces anneaux. Une marche de trois heures au long de la côte texane a suffi à ramasser quinze mille six cents de ces anneaux de plastique.

En 1975, la National Academy of Sciences estimait que les navires de haute mer rejetaient six millions de tonnes d'ordures par an, dont sans doute quatre millions de tonnes de plastique. L'Annexe V de la convention internationale pour la prévention de la pollution depuis les navires (surnommée en américain protocole « MARPOL », pour « MARine POLlution »), adoptée en 1987, est venue interdire tout déversement de déchets plastiques par des navires en mer. Ceux-ci ont pour obligation de ne se débarrasser de leurs déchets que sur les docks. Toutefois, les navires appartenant à des organismes publics, y compris ceux de l'U.S. Navy, n'auront pas à se plier aux dispositions de l'Annexe V avant 1994. Qui plus est, cette annexe est une partie facultative de MARPOL. Si trente-neuf pays ont à ce jour ratifié MARPOL, tous n'ont pas signé l'Annexe V. Les navires de haute mer considèrent le rejet d'ordures en mer comme le moyen le plus facile et le moins coûteux d'évacuer ce problème.

Il est évident que même si nous disposons des moyens techniques de produire une chose, d'un point de vue éthique nous n'avons pas à le produire si l'environnement doit en souffrir.

© Anne Heimann

A gauche : *Cette jeune tortue marine (Eretmochelys imbricata) prise dans une ligne de pêche enchevêtrée est condamnée. Les filets jetés ou à la dérive feront encore bien d'autres victimes.* **Ci-dessus :** *Cette mouette qui gît sur la grève parmi les immondices a elle aussi été victime d'une ligne de pêche. Les consommateurs peuvent lutter contre ce massacre en boycottant le plastique.*

© Anne Heimann

LA MAREE NOIRE DE L'EXXON VALDEZ

Un brutal rappel du fait que notre avidité a outrepassé les limites du sens commun est survenu le 24 mars 1989, lorsque le *Valdez*, pétrolier de la firme Exxon, est venu percuter un récif dans le détroit du Prince William, en Alaska. Plus de quarante-huit millions de litres de pétrole brut se sont alors répandus dans l'océan.

Une tache de pétrole de la taille d'une pièce de monnaie suffit à tuer un oiseau ou une loutre. Le pétrole qui enrobe le corps des oiseaux et des animaux marins les étouffe : le mécanisme d'isolation thermique des animaux à sang chaud est perturbé, ce qui entraîne la mort. Les gaz volatils se fixent dans le foie et les reins de victimes qui peut-être survivront un peu plus longtemps, et les empoisonnent en permanence. Plus de vingt tonnes d'animaux, y compris six cents loutres de mer et neuf mille quatre cents oiseaux, ont péri immédiatement après l'accident ; ce bilan ne cesse de s'aggraver au fil du temps.

Chaque fois qu'un tanker prend la mer, nous courons le risque d'assister à une nouvelle marée noire. D'aucuns affirment que les propositions des écologistes pour améliorer la prévention, l'endiguement et le nettoyage des marées noires — aussi bien que la responsabilisation des compagnies pétrolières, les compensations et la sécurité à bord des tankers — sont trop onéreuses ou ne soutiennent pas l'épreuve d'une rigoureuse analyse comparative des coûts et des bénéfices. Selon Clifton Curtis de The Oceanic Society, cependant, ces mesures pourraient fort bien n'ajouter que quelques dizaines de centimes au prix d'un baril de pétrole vendu aux Etats-Unis, pays dont les problèmes énergétiques pourraient être résolus par une plus grande efficacité dans l'utilisation de l'énergie, par une moindre consommation de pétrole de l'Alaska et d'autres régions, et par le développement d'énergies de substitution. L'adoption de telles orientations aurait pour effet de protéger l'environnement marin, et recélerait pour tous les pays d'immenses bénéfices, au-delà de toute estimation financière. Leur coût, minime, doit être mesuré à l'aune des gigantesques coûts à long terme des dommages infligés à l'environnement.

Peut-être la tragédie de l'*Exxon Valdez* a-t-elle été ressentie avec une acuité particulière en raison de la partie du monde où elle s'est produite. L'Environment Policy Institute décrit ainsi le Prince William Sound : « Il regorge de chapelets d'îles vierges ; dans ses zones littorales abondent les poissons et les colonies d'oiseaux d'une importance essentielle. Ses eaux sont des routes migratoires fondamentales, et le terrain de jeu des baleines, des phoques et des loutres. » La marée noire s'est produite à la veille du mois d'avril, période la plus importante pour la reproduction des harengs et la migration des jeunes saumons dans les eaux de l'Alaska. Les écloseries de saumons sont en danger (le détroit représente l'un des lieux de passage de saumons les plus importants du monde.

Si nous étions tentés d'oublier trop rapidement l'ampleur de la marée noire, les eaux glaciales du Sound se chargeraient de nous la rappeler. La toxicité du pétrole y perdurera

© Michael Bayloff

des années de plus qu'elle ne l'aurait fait dans des mers plus tempérées.

Il est temps de porter un regard neuf sur la mer, sur les coquillages englués dans les ordures à nos pieds, et d'imaginer la magie et la puissance de cette eau qui nous dispense la vie. Nous qui vivons sur une planète d'eau ne pouvons mettre en péril l'océan sans nous mettre nous-mêmes en péril.

Ci-contre : *Le littoral de l'Alaska, aussitôt après la marée noire provoquée par le pétrolier* Exxon Valdez. **Ci-dessus :** *Ce grèbe englué de pétrole va être nettoyé. Cet oiseau ignore évidemment qui est le responsable de la marée noire du détroit du Prince William. Les tankers transportent du pétrole sur des distances dangereusement longues, pour que nos habitations puissent être chauffées.*

LES GRANDS LACS

L'hiver sur les rives du majestueux lac Supérieur, qui est non seulement le plus vaste des Grands Lacs, mais aussi la plus grande nappe d'eau douce du monde.

Le plus petit des Grands Lacs, Erié, est large de quatre-vingts kilomètres. Le plus vaste, le lac Supérieur pourrait contenir toute l'eau des lacs Huron, Michigan, Erié et Ontario, et encore trois lacs Erié ! Long de six cents kilomètres et large de deux cent soixante, le lac Supérieur est l'un des plus étendus du monde.

A eux cinq, les Grands Lacs couvrent une superficie de près de deux cent cinquante mille kilomètres carrés. Ils s'étendent sur deux pays (les Etats-Unis et le Canada), soit huit Etats (New York, Pennsylvanie, Ohio, Michigan, Indiana, Illinois, Wisconsin et Minnesota) et une province (Ontario). En outre, les quelque quatre-vingt mille lacs intérieurs compris dans leur écosystème ont une superficie totale plus importante que celle du lac Erié. Trois mille sept cent cinquante kilomètres de voies navigables reliées entre elles font des Grands Lacs le plus important réseau de transport par bateau du monde. Le « bassin » des Grands Lacs constitue le cœur de l'Amérique du Nord. Ses marécages, ses baies, ses forêts et ses rivages sont occupés par une faune d'une incroyable diversité. L'une des dernières meutes de loups d'Amérique vit dans les vallées et les collines de l'Isle Royale, dans le Lac Supérieur. Des populations de loutres et de visons vivent en colonies au long des rives des lacs, ainsi que près des pièces d'eau intérieures. Les cerfs et les ratons laveurs occupent les forêts.

Les aigles et les balbuzards, jadis menacés, planent aujourd'hui majestueusement dans les cieux, avant de fondre sur leurs proies. D'autres oiseaux piscivores, tels que les goélands argentés, les sternes et diverses variétés de cormorans, sont fort communs dans la région. Les hérons aux pattes graciles saisissent de leur long bec acéré grenouilles, poissons, petits crabes, serpents aquatiques ou sauterelles. Huards, harles et canards barbotent dans les étangs. Dans les dunes sableuses nichent de petits pluviers.

De nombreuses espèces de poissons occupent les eaux du bassin. Les saumons coho et chinook ont été introduits avec succès dans le lac Michigan. Si les truites de lac sont indigènes, les truites arc-en-ciel et truites de mer sont également chez elles ici. Les perches soleil, les éperlans et les brochets « walleye » sont eux aussi très abondants.

La beauté des Grands Lacs fait de cette région l'une des plus touristiques des Etats-Unis. De hautes forêts de sapins embaument l'air de merveilleuses senteurs. Les eaux du lac Supérieur, battues par les vents, montent à l'assaut des rochers escarpés, contre lesquels elles se fracassent en panaches d'écume. Les mouettes et les goélands se juchent au sommet de falaises. Les vagues qui ondulent sur le lac Michigan viennent lécher les plages sablonneuses.

Vingt pour cent de toute l'eau douce de la planète, et la presque totalité de celle disponible aux Etats-Unis, provient des Grands Lacs. Quarante millions d'habitants vivent dans le bassin. Les approvisionnements en eau potable de plus de la moitié de cette population dépendent du réseau des Grands Lacs. Pour chaque habitant du bassin, l'alimentation, les transports, les loisirs, l'énergie électrique, le tourisme et l'emploi sont inextricablement liés aux lacs, comme l'est un autre facteur essentiel : la santé.

Dans un rapport de 1985, des scientifiques ont annoncé que les habitants du bassin présentent une accumulation de toxines dans le corps et un taux de risque de maladie supérieurs à ceux des habitants de presque toutes les autres régions d'Amérique du Nord. Pourquoi ?

Au long des côtes et dans les ports de cette extraordinaire ressource aquatique sont installés le cinquième des compagnies industrielles des Etats-Unis ; la moitié des industries du Canada sont concentrées dans ce même couloir. Les rives des lacs Supérieur, Michigan et Huron sont constellées d'usines de traitement du bois. De part et d'autre du chenal qui sépare les lacs Huron et Erié se pressent des raffineries de pétrole, des usines de construction automobile et des complexes chimiques. Les aciéries et les mines abondent dans tout le bassin. La « poche » industrielle des Grands Lacs, qui produit ou emploie trente mille substances chimiques, est à l'origine de trente-deux pour cent de tous les déchets dangereux des Etats-Unis.

© Kathy Watkins/Images of Nature

La faune de la région des Grands Lacs bénéficiait jadis d'un environnement d'une merveilleuse pureté ; il est rare aujourd'hui de trouver des animaux sauvages qui ne subissent les effets de la pollution.

LES REJETS DE PRODUITS CHIMIQUES

Les résidus toxiques provenant des rejets de produits chimiques peuvent être considérés comme constituant le plus grave problème de pollution à frapper les lacs. L'International Joint Commission, organisme consultatif américano-canadien créé en 1909, a entrepris en 1973 de dresser la liste des zones proches des rivages du bassin particulièrement dégradées. Quarante-deux points noirs (AOC) ont été définis ; le problème majeur qui s'y pose est celui de la contamination par des substances toxiques. L'IJC a identifié plus d'un millier de produits chimiques dans les eaux et les sédiments des lacs. Ces substances sont capables (même en quantités infinitésimales) de provoquer des cancers et des malformations à la naissance et d'endommager les systèmes immunitaire et nerveux des animaux ou des humains.

Dans le but de diminuer la pollution dans chaque AOC, des plans d'action réparatrice (RAP) sont mis au point depuis 1985. Vingt-cinq des AOC sont situées aux Etats-Unis, et cinq sont à cheval sur la frontière internationale. Les lacs étant sous la responsabilité conjointe de deux nations, le bassin pourrait constituer un modèle de gestion partagée d'autres ressources à travers le monde. Bien que le processus de mise en place des RAP vienne juste de commencer et que le soutien des gouvernements ait été inégal, le départ a été remarquable.

Dans son Rapport des Citoyens sur l'Etat des Lacs, publié en octobre 1989, Greenpeace déclarait au sujet des RAP, qu'ils avaient « le potentiel pour devenir des outils de progrès dans le domaine du nettoyage et des réparations. Les citoyens sont encouragés par la participation du public que propose le processus des RAP ; ils sont toutefois frustrés par le nombre élevé des participants issus de l'industrie en comparaison des citoyens prenant part à ces RAP.

Outre les quarante-deux AOC, cent seize sites de stockage de déchets dangereux concentrés dans le bassin ont été portés en 1989 sur la « liste prioritaire nationale » du Superfund ; mais l'EPA a noté que trois mille six cents autres zones comprises dans le bassin provoquent également des dommages à l'environnement, ou pourraient le faire dans un avenir proche.

Les lacs sont particulièrement vulnérables face à la pollution, car ils constituent par nature un système clos. Ils ne peuvent se vider d'eux-mêmes des substances polluantes qui se déposent ou sont déversées dans leurs profondeurs. Ils ne possèdent pas l'immensité des océans ni ses capacités de dilution, qui sont autant de défenses naturelles contre les invasions de produits nocifs. Si le temps de rétention du plus petit des Grands Lacs, Erié, n'est que de deux ans et un peu plus de sept mois, il faut au lac Michigan quatre-vingt-dix-neuf ans pour recycler la totalité de ses eaux ; pour le lac Supérieur, ce recyclage total exigerait près de deux siècles. Il faut cinq cents ans pour que les cinq lacs se purifient : c'est pourquoi tout corps ou substance pénétrant dans ces lacs influe pendant des générations sur la qualité de leurs eaux. (Le fait que les lacs soient un système aquatique clos inquiète d'autant plus les écologistes qu'un risque de marée noire ou de déversement accidentel de déchets dangereux existe. Quelque treize millions de mètres cubes de pétrole et de matériaux dangereux sont

transportés chaque année par les tankers américains et canadiens à travers le bassin.)

La taille des lacs, et en particulier du lac Supérieur, est telle que les substances polluantes transportées au-dessus d'eux ont toutes chances de s'y déposer, et ce d'autant plus qu'ils sont proches et sous le vent de complexes industriels majeurs. Les retombées toxiques provenant du Mexique ou d'Amérique centrale ont pour conséquence le dépôt dans l'environnement des Grands Lacs de vagues de poisons persistants tels que le DDT et la dioxine. On estime à cinquante pour cent dans le lac Michigan et à quatre-vingts pour cent dans le lac Supérieur la proportion des toxines provenant de l'atmosphère.

Ci-contre : *Des déchets chimiques, tous toxiques, et au-dessous une eau vitale. Il faut forcer les industriels à assumer la responsabilité des substances qu'ils produisent, ou à ne pas fabriquer de produits chimiques dangereux.* **Ci-dessus :** *Des années et des années de rejets de substances toxiques ont des conséquences dramatiques sur la population et la faune du bassin des Grands Lacs.*

LA FAUNE DES LACS

On peut considérer que la santé de la faune d'un habitat donné reflète la situation de l'habitat lui-même : que nous apprennent au sujet des Grands Lacs les animaux qui y vivent ?

Le Canadian Institute for Environmental Law and Policy rapporte que de nombreuses espèces vivant près des rives des Grands Lacs sont totalement incapables de se reproduire. Les oiseaux qui se nourrissent des poissons des Grands Lacs mettent au monde des petits atteints de graves difformités. Selon Greenpeace, la moitié des oiseaux de Saginaw Bay, sur le lac Huron, présentent actuellement des malformations.

En janvier 1989, une étude effectuée à Bay City, dans le Michigan, a montré un taux élevé de malformations chez les oiseaux piscivores du bassin. Les œufs non éclos d'un nombre croissant d'oiseaux, en particulier des sternes et des cormorans, présentent un sac vitellin qui pend hors de l'embryon. Une telle difformité est un symptôme courant de l'empoisonnement par les PCB. Le taux des malformations atteignant des sternes des lacs Michigan et Huron sont plus de trente fois plus élevés que dans les années soixante.

Dans le Saint-Laurent, aux confins orientaux des Grands Lacs, la population des bélougas a diminué dans de telles proportions que cette espèce y est désormais menacée d'extinction. Cette population, qui constitue la concentration de baleines blanches la plus méridionale du monde, est considérée comme étant géographiquement isolée des populations septentrionales de bélougas. Les baleines du Saint-Laurent, au nombre de plusieurs milliers avant 1949, n'étaient plus que mille cinq cents dans les années soixante, trois cent cinquante en 1978. Dès 1973, des inquiétudes se sont exprimées quant à la possibilité de survie des bélougas dans le golfe du Saint-Laurent. En 1972, on découvrit que la graisse d'un baleineau tué par des chasseurs contenait de fortes concentrations de DDT et de PCB.

Dans l'habitat principal des baleines, d'importantes quantités de PAH ont été découvertes, comprenant du BaP, composé hautement cancérigène rejeté par les fonderies de la région.

Comment un mammifère de la taille d'une baleine peut-il être frappé à mort par un produit chimique ? Un « effet de dominos » se produit au sein de la chaîne alimentaire, lorsque des prédateurs ingèrent involontairement des toxines persistantes, accumulées dans le corps de leurs proies. Dans les Grands Lacs, la contamination par les PCB est particulièrement répandue.

Transportées jusqu'aux lacs par les égouts et les cours d'eau, ces substances s'y fixent à de petites particules dans l'eau, avant de se déposer au fond, où les vers et les larves d'insectes les engloutissent ; puis les poissons consomment ces organismes vivant dans la vase. Les PCB sont alors stockés dans la graisse des poissons. La mouette, le vison ou le poisson de plus grosse taille qui dévore le plus petit hérite de l'accumulation de PCB contenue dans le corps de ce petit poisson. L'être humain qui mange le gros poisson ingère la totalité des PCB accumulés au cours de l'existence de l'animal.

Des tortues serpentines recueillies dans les eaux des Grands Lacs présentaient des mal-

Le pygargue à tête blanche (Haliaeetus leucocephalus) *occupait autrefois toute l'Amérique du Nord. Aujourd'hui, la survie de ce noble oiseau est menacée par la destruction de ses habitats, par la pollution et par la chasse.* **Ci-dessus :** *Un banc de saumons chinook.*

Ci-dessus : *Cosmos, cormoran découvert en 1988 dans une île du lac Michigan, devait son bec déformé à un empoisonnement par les PCB. Le Dr. James Ludwig étudie l'augmentation avérée chez les cormorans des cas de malformations dus à la pollution.*

formations et des problèmes de reproduction. Les grosses tortues très âgées vivant dans les sédiments du fond des lacs du bassin se sont avérées très gravement contaminées.

Il est évident que si les organismes benthiques — vers, insectes et mollusques vivant sur le fond — et le plancton subissent les assauts des produits chimiques toxiques, la pollution se répercutera tout au long de la chaîne alimentaire, des poissons aux tortues et aux oiseaux piscivores, aux reptiles, aux mammifères et aux humains. Dans les estuaires les plus riches du lac Michigan, dans la baie Green et à l'embouchure de la Fox, les populations d'organismes benthiques sont saturées de déchets chimiques. Ces deux sites sont gravement contaminés par le plomb, le mercure, le pétrole, la graisse les PCB, le zinc et le DDT.

En 1985, plus de quatre millions de pêcheurs à la ligne s'adonnaient à leur activité favorite dans les Grands Lacs. Au plan économique, la région a reçu un apport de plus d'un milliard de dollars américains et de plus de trois millions de dollars canadiens du fait de ce loisir.

Une étude récente conduite par la National Wildlife Federation a conclu que le simple fait de consommer onze repas de gros poissons les plus contaminés du lac Michigan suffisait à augmenter de façon significative les risques de cancer. Greenpeace a indiqué que la chair de nombreux poissons des Grands Lacs était infectée de toutes sortes de produits contaminants, dont des PCB, des pesticides, de la dioxine et des métaux lourds. Sur certains sites, la totalité des espèces animales étudiées étaient atteintes de cancer.

Les chercheurs de Wayne State University, dans le Michigan, ont découvert que les enfants dont la mère avait consommé des poissons contaminés par les PCB avaient à la naissance une taille et un poids inférieurs à la moyenne. Ces nourrissons avaient également une tête plus petite, et présentaient des troubles évidentes du comportement et du système neuro-musculaire. Plus les poissons consommés par la mère étaient contaminés, et plus les anomalies décelables chez leurs enfants étaient profondes.

La nature même des PCB les rend si persistants qu'ils sont transmis de la mère à l'enfant au cours de la grossesse et au moment de l'allaitement ; ainsi, des quantités mesurables de ces produits chimiques seront encore présentes dans l'organisme des enfants cinq générations plus tard, même si aucune nouvelle exposition aux PCB ne survient.

Les pêcheurs à la ligne de tous les lacs sont dissuadés de consommer leurs prises. La contamination par les substances toxiques est présente dans toutes les eaux du bassin ; on a décelé chez les poissons des cinq lacs et des chenaux qui les relient des tumeurs, des cancers, des lésions et des malformations. Le lac Supérieur est actuellement le seul des Grands Lacs où les truites aient encore la faculté de se reproduire.

Si le lac Ontario est le plus pollué des cinq lacs, le lac Michigan est celui qui compte le plus grand nombre d'AOC. Sur les rives du seul Grand Lac entièrement situé aux Etats-Unis s'étendent dix sites gravement pollués. La dégradation qui frappe le lac Michigan peut être attribuée au rejet d'eaux usées par l'industrie et les municipalités, au ruissellement provenant des rues des villes et des champs cultivés, à la contamination des sédiments dans les cours

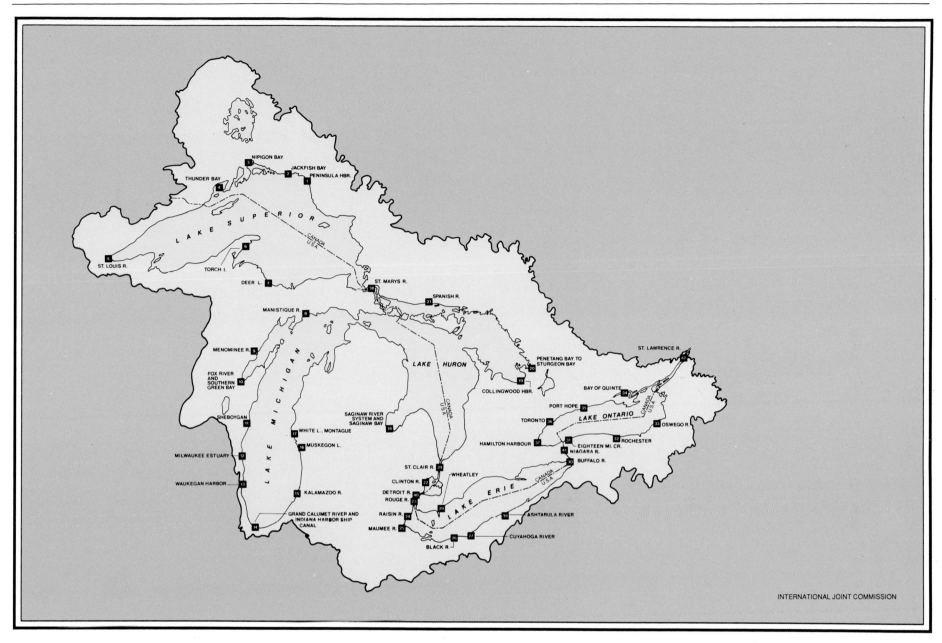

INTERNATIONAL JOINT COMMISSION

Ci-dessus : *Les quarante-deux « points noirs » (« Areas of Concern » — AOC) de la région des Grands Lacs. La contamination de tous ces sites à l'exception d'un seul est due à la pollution par des substances toxiques.*

d'eau et les ports, à la souillure des nappes phréatiques et à la pollution de l'air.

Une brochure éditée en 1989 par la National Wildlife Federation, intitulée « Pêche amateur dans le lac Michigan : faut-il manger ses prises? », rapporte les résultats d'une étude sur les risques que fait courir à la santé la consommation des truites de lac et de mer, des saumons chinook et coho, des brochets walleye et des perches soleil. Ces espèces ont été retenues car elles sont les plus appréciées des pêcheurs à la ligne, et des données abondantes ont été compilées sur quatre substances polluantes dont on sait qu'elles ont contaminé ces poissons : PCB, DDT, dieldrine et chlordane. Ces trois derniers produits, des pesticides aujourd'hui interdits en Amérique du Nord, pénètrent dans l'atmosphère du bassin en provenance d'autres pays. Leur persistance dans l'environnement explique de plus une bio-accumulation dans la chaîne alimentaire. Outre les quatre composés objets de l'étude, on sait que plus de cent

produits chimiques toxiques affectent la santé des poissons du lac Michigan.

La National Wildlife Federation a conclu que le problème de la contamination par les substances toxiques des poissons pêchés à la ligne dans le lac Michigan était plus grave que l'on ne l'estimait précédemment, et recommandé une restriction de la consommation de ces poissons allant au-delà de ce que conseillent les organismes chargés de la santé publique.

Des recherches visant à déceler la présence de PCB, de DDE et de mercure dans l'organisme des pêcheurs à la ligne des Grands Lacs ont été menées en 1987 par le Department of Health and Social Services du Wisconsin pour le compte du National Center for Disease Control des Etats-Unis. Près de deux cents pêcheurs amateurs vivant dans les dix comtés bordant les Grands Lacs ont été soumis à des examens. La consommation de poisson de ces pêcheurs et de leurs familles était approximativement trois fois supérieure à la moyenne nationale, mais ne représentait cependant que dix-huit repas de poissons des Grands Lacs par an.

Les résultats de cette étude ? Six échantillons de sang ont révélé la présence de mercure en quantité décelable ; près de la moitié contenaient du DDE, plus des deux tiers des PCB. La quantité moyenne de PCB était de 2,2 parties par milliard, la plus élevée de 27 parts. Plus la consommation de saumon chinook était forte, et plus la présence de PCB dans le sang était importante. Le saumon chinook représente quarante pour cent de tous les poissons pêchés dans les Grands Lacs.

Qu'en est-il des habitants de la région des Grands Lacs qui ne consomment pas de poisson ? Sont-ils moins exposés aux substances chimiques de l'environnement ?

Une étude conduite en 1986 par le Dr. Katharine Davies, du Toronto Department of Public Health, a permis de déterminer que chez les habitants des environs de Toronto l'exposition annuelle non liée à l'activité professionnelle était due à quatre-vingt-neuf pour cent à des substances chimiques toxiques et persistantes, et en particulier à six substances organo-chlorées, présentes dans les aliments frais. L'analyse de viande, d'œufs, de fruits et légumes frais produits dans une région donnée de l'Ontario où les sources de contamination autres qu'atmosphériques sont limitées a apporté la preuve que les cultures en plein air et les animaux qui paissent absorbent des produits polluants transportés par voie aérienne.

Le coût d'une étude réalisée sur des animaux de laboratoire pour déterminer le caractère cancérigène ou non d'un composé est d'environ un million de dollars. La méthode la plus couramment employée consiste à administrer à un animal une dose importante d'un composé toxique particulier. Or, tandis que nous attendons de recevoir la preuve scientifique absolue de la dangerosité des produits chimiques toxiques présents dans l'environnement, les habitants du bassin des Grands Lacs souffrent dans des proportions « inhabituellement élevées » de maladies cardiaques, de cancers et de malformations congénitales.

Selon des recherches récemment effectuées dans l'Ontario, les taux de cancers les plus élevés du bassin ont été à l'embouchure des cours d'eau bordés de complexes industriels. On a découvert un taux de cancer du pancréas supérieur à la moyenne à Thunder Bay

© Norman Isaacs/Envision

Page ci-contre : *La sciure provenant d'une usine de papeterie locale tapisse les rives du lac Michigan près de Manistique, à l'extrémité septentrionale du lac.*

Ci-dessus : *L'empoisonnement des lacs par les produits chimiques entraîne la destruction massive de la flore et de la faune aquatiques, comme l'illustre cette photo montrant des poissons morts rejetés sur la grève.*

© John Fowler/Valan Photos

Les aciéries d'Hamilton, dans l'Ontario, sont respon-sables de l'émission dans l'atmosphère de polluants mortels, qui contaminent non seulement l'air, mais aussi les lacs eux-mêmes, ainsi que les cultures et le bétail de la région.

(Ontario), terminal occidental de l'industrie céréalière canadienne et lieu d'implantation d'usines de papeterie et de transformation du bois. A Hamilton, dans l'Ontario, on soupçonne les BaP d'être la cause d'un taux élevé de cancers du poumon dans la population locale.

La communauté mohawk d'Akwesasne, sur une île du Saint-Laurent, compte huit mille membres. Une sage-femme du nom de Katsi Cook a commencé en 1985 à rapporter au « Department of Conservation » de l'Etat de New York des cas de malformations congénitales. Plusieurs enfants sont nés sourds ou avec un bec-de-lièvre. Dans les trois ans qui ont suivi, trois bébés sont nés avec des malformations intestinales que l'on trouve chez les chiens de laboratoire ayant reçu des doses de PCB. Les intestins de l'un de ces nouveau-nés étaient hors de son corps ; un autre était victime d'une torsion des intestins. Katsi Cook a également remarqué que nombre des hommes qui pêchaient dans le fleuve étaient morts d'un cancer de l'estomac. Les sources de protéines de l'île, telles que les poissons, les canards et les bovins, recèlent de telles quantités de PCB que les Mohawks ont reçu l'instruction d'en réduire de façon draconienne leur consommation. Pour remplacer ce régime traditionnel, les pommes de terre, les pâtes, le pain et les pâtisseries : aujourd'hui, soixante-cinq pour cent des adultes sont diabétiques. Cette zone fortement industrialisée du Saint-Laurent « bénéficie » évidemment du statut d'AOC.

Les firmes productrices d'aluminium (Alcoa, Reynolds Metal) opèrent dans ce secteur, où l'on trouve aussi une fonderie (General Motors) et des complexes chimiques (Canadian Industries Limited, Cornwall Chemicals, Courtaulds/British Cellophane Ltd.). Ces industries rejettent d'importantes quantités de métaux lourds, phénols, PCB, PAH et fluor. Les sédiments recueillis en 1987 près de l'usine de la Reynolds Metal Company étaient si riches en PCB qu'ils auraient pu être vendus en tant que tels. Les animaux recueillis dans cette région présentent des taux de contamination par les PCB parmi les plus élevés de tout le bassin.

La pollution dans les Grands Lacs n'est pas un phénomène nouveau. Bien que le Canada et les Etats-Unis aient signé dès 1909 un traité interdisant de polluer les eaux frontalières d'une manière qui pourrait être néfaste à la santé ou aux biens des populations vivant de l'autre côté de la frontière, neuf ans plus tard seulement, l'IJC décrivait les lacs comme étant « aussi répugnants qu'un égout ». L'IJC entreprit des efforts pour régler les problèmes posés par le déversement des égouts dans le bassin, et recommanda parallèlement l'interdiction des déversements industriels dans les lacs. Le Canada comme les Etats-Unis refusèrent de conférer à l'IJC l'autorité nécessaire pour imposer comme elle le souhaitait l'application de critères de qualité de l'eau.

A l'issue d'un deuxième étude de l'eau achevée en 1951, l'IJC se lamentait de ce que les lacs étaient « gorgés de produits chimiques d'origine industrielle ». Les deux pays concernés n'en adoptèrent pas pour autant de critères de qualité de l'eau spécifiques, ni ne donnèrent à l'IJC quelque pouvoir que ce fût pour faire appliquer des mesures de protection des lacs.

En 1967, la pollution sans vergogne des lacs était généralisée. Un fonctionnaire de l'ad-

ministration fédérale interviewé par *The Chicago Tribune* déclara que les industriels se servaient des voies navigables comme d'autant d'égouts. Les industries de la région de Calumet déversaient quotidiennement cent quarante mille litres de produits d'origine pétrolière dans le port ; la United States Steel Plant de Gary, dans l'Indiana, déversait quant à elle quatorze tonnes de déchets de fer et cent vingt-cinq kilogrammes de cyanure par jour dans le port. Deux autres aciéries procédaient de même. Chacune de ces trois aciéries puisait environ quatre mille mètres cubes d'eau par jour dans le lac Michigan, puis rejetait cette eau chargée de produits polluants. En 1969, le Cuyahoga, rivière tributaire du lac Erié, charriait tant de déchets chimiques inflammables qu'elle prit feu ! De 1955 au début des années 1980, la Reserve Mining Company rejetait chaque jour soixante mille tonnes de résidus de taconite (minerai de fer) dans le lac Supérieur. Cette poudre contenait des fibres soupçonnées d'être cancérigènes, qui menacèrent la santé de deux cent mille personnes, dont l'eau potable provenait du lac.

Le lac Erié était qualifié de « lac Mort » : sur près de quatre-vingt-dix pour cent de sa superficie, le fond du lac était privé d'oxygène, du fait de la pollution. Si les navires continuaient

Ces billes de bois attendent d'être transformées dans une usine de pâte à papier. Les usines de transformation du bois sont à l'origine d'une pollution toxique particulièrement grave dans la région des Grands Lacs.

© Val Whelan/Valan Photos

Ci-dessus : *La pollution des ports, comme celui de Shippegan, en Nouvelle-Ecosse, est généralisée dans la région des Grands Lacs.* **Page ci-contre :** *Vue subaquatique de la végétation qui croît sur les déchets au fond des Grands Lacs.*

de voguer sur ses eaux et les arbres de ses rives d'apporter leur ombre à d'élégantes demeures, le lac avait vieilli de quinze mille ans en un demi-siècle.

Vingt et un ans après le rapport de 1951, les Etats-Unis et le Canada signèrent un accord sur la qualité de l'eau des Grands Lacs (Great Lakes Water Quality Agreement). Des objectifs de qualité furent enfin établis, mais l'IJC se vit encore refuser le pouvoir d'en imposer la réalisation.

Pendant ce temps, les habitants des rives du lac exprimaient de plus en plus bruyamment leur inquiétude au sujet d'une pollution dont ils voyaient et sentaient les effets. Les deux pays entreprirent une campagne de nettoyage destinée à supprimer les vidanges et à débarrasser le rivage des algues et des poissons en putréfaction, campagne qui coûta des millions de dollars. Néanmoins, d'autres rejets se poursuivent, et l'influence des produits chimiques toxiques sur la chaîne alimentaire continue de se faire sentir de manière aiguë.

En 1977, l'attention du monde s'est portée sur les effets de la pollution par les substances toxiques dans un village situé non loin des chutes du Niagara, dans l'Etat de New York. Les habitants de Love Canal, sur la rive du Niagara, entre les lacs Ontario et Erié, étaient atteints de graves problèmes de santé. Une enquête aboutit à la découverte du fait que Love Canal avait été construit sur un dépôt de produits toxiques. La Hooker Chemical and Plastics Corporation avait utilisé le canal pour s'y débarrasser de près de vingt mille tonnes de déchets chimiques depuis les années quarante jusqu'en 1953, date à laquelle le site avait été vendu pour qu'y soit construite une école élémentaire. Des fûts en décomposition ressortirent dans la cour de l'école ; après de fortes pluies, des mares de produits chimiques apparaissaient dans les sous-sols des maisons.

Love Canal fut déclaré zone sinistrée ; sept cents familles furent évacuées, et deux cents maisons rasées. Des années après leur déménagement, de nombreuses personnes continuent d'être affligées de maladies. Des jeunes femmes donnent naissance à des enfants atteints de malformations. Dans la même tranche d'âge, de vingt à vingt-deux ans, plusieurs de ces jeunes femmes ont récemment dû être opérées de kystes des ovaires.

Après Love Canal, la Hooker Chemical a identifié plusieurs autres sites qu'elle avait utilisés au fil des ans pour y déverser ses déchets ; l'un d'eux, localisé près du terrain de sport d'une autre école élémentaire de Niagara Falls, est peut-être plus dangereux encore que celui de Love Canal.

Il existe plus de cent soixante sites remblayés inactifs dans un rayon de cinq kilomètres de part et d'autre du Niagara, d'où s'échappent quotidiennement quelque deux cent kilogrammes de substances toxiques, qui gagnent le Niagara par le biais de l'écoulement des eaux souterraines.

En 1978, un an après que le rêve américain se fût dissous à Love Canal, un changement d'attitude important trouva sa traduction dans l'accord signé par les Etats-Unis et le Canada sur la qualité de l'eau des Grands Lacs (Great Lakes Water Quality Agreement, GLWQA). Deux principes clés furent adoptés : tout d'abord, le bassin des Grands Lacs était reconnu en tant

qu'« écosystème » (c'est-à-dire que l'air, la terre, l'eau et les organismes vivants, y compris les êtres humains, étaient considérés en tant qu'éléments d'un même système, liés par des interactions) ; de plus, « la quasi-élimination des substances toxiques persistantes » était proposée, au travers d'un principe de « zéro rejet ».

Au cours des années 1980, l'Administration Reagan menaça à plusieurs reprises de supprimer les programmes de recherches du bassin les Grands Lacs. Le Congrès américain parvint à les sauver, mais les moyens financiers affectés à ces programmes furent très nettement réduits.

Les principes visionnaires exposés dans le cadre du GLWQA de 1978 ont été réaffirmés et étendus en 1987, mais ils demeurent à l'état de principes, car les autorités concernées ne leur ont pas donné force de loi. Le temps passe, et le déversement dans la nature de substances chimiques toxiques se poursuit.

Quarante années se sont écoulées depuis que l'afflux spectaculaire et tragique de produits chimiques a commencé, vingt-cinq depuis que les scientifiques se sont rendu compte du fait que les déchets toxiques empoisonnaient la faune. Et pourtant, durant tout ce temps l'écosystème des Grands Lacs n'a pas été protégé d'une nouvelle détérioration, et ses perspectives de rétablissement ne sont guère brillantes.

Page ci-contre : *Avant que le nettoyage des substances toxiques puisse être entrepris, le contenu de ces fûts devra être analysé.* **Ci-dessus :** *Les fûts stockés en plein air finissent par rouiller et laissent alors échapper leur contenu qui est emporté par les eaux de ruissellement.* **Ci-contre :** *L'eau clapote autour d'un banc de sable, à proximité d'une plage du lac Michigan. La beauté de cette scène pourrait bien ne pas résister à l'aggravation de la pollution de l'air et de l'eau.*

LES RETOMBEES DE SUBSTANCES POLLUANTES

L'action visant à améliorer la santé des Grands Lacs est retardée par la poursuite des activités industrielles. La pollution d'origine atmosphérique des lacs est si importante que presque toute la contamination de ceux-ci par les PCB, le DDT, le BaP et le plomb provient des airs. La teneur des lacs en PCB est telle qu'ils sont eux-mêmes devenus sources de composés toxiques.

Les courants aériens sont capables de faire circuler des substances polluantes autour du monde en deux ou trois semaines seulement. La pollution provenant de grandes villes du Midwest américain telles que St. Louis, Chicago et Minneapolis s'abat sur les Grands Lacs en moins de sept jours. Qui plus est, ces lacs subissent les effets des dégagements de substances chimiques toxiques interdites en Amérique du Nord mais transportées depuis les pays du Tiers-Monde, où on les emploie régulièrement. Ainsi les habitants et la faune du bassin sont confrontés à un grave problème de pollution permanente.

Le Sierra Club, l'organisation « Citizens for a Better Environment », Great Lakes United et la Lake Michigan Federation désignent l'incinération des ordures comme étant l'un des principaux facteurs de pollution aérienne et de dégradation de l'environnement dans la région des Grands Lacs. Selon eux, si les projets d'installation dans les années à venir d'usines d'incinération aux Etats-Unis (au nombre de trois cents) sont menés à bien, de nouvelles émissions de plomb pourraient mettre en cause les réductions déjà obtenues par le contrôle des émissions provenant des automobiles. L'incinération des ordures ménagères et des déchets chimiques, a pour conséquence le dégagement dans l'atmosphère de dioxine et de furane mais aussi de métaux lourds, tels que le mercure, dont les effets toxiques s'exercent sur le système nerveux.

Les concentrations croissantes de mercure décelées dans la St. Louis River ont été attribuées à l'incinération des ordures, qui a commencé à la fin des années 1980. Auparavant, les décharges d'ordures étaient remblayées et les vidanges déversées sur le sol. L'incinération a depuis lors été adoptée dans vingt-deux des AOC comme étant un moyen commode de se débarrasser des boues souillées. Dans le bras du lac Michigan formé par la Lower Fox River et la baie Green, les concentrations de mercure dans les sédiments ont augmenté de quarante-cinq pour cent au cours des dix années écoulées.

La plus grande usine d'incinération d'ordures du monde, située dans le centre de Detroit, dans l'Etat du Michigan, brûle trois mille six cents tonnes d'ordures par jour. Un an avant sa mise en service, Greenpeace a averti qu'elle allait faire courir à la population de Detroit des risques de cancer dix-neuf fois plus élevés que toute autre installation jusqu'alors autorisée dans le Michigan, et rejeter quotidiennement plus de mille huit cents tonnes de gaz et particules toxiques au-dessus de la Detroit River.

Les premiers essais sont intervenus à la fin de 1989. Quelques semaines plus tard, des ouvriers du bâtiment cessaient le travail, en raison de problèmes de santé. L'analyse d'échantillons

de cendres transmis subrepticement à Greenpeace a permis de découvrir des niveaux extrêmement élevés de plomb, de cadmium et d'autres substances dangereuses.

Dans le bassin des Grands Lacs, l'implantation de dizaines d'incinérateurs d'ordures est
actuellement proposée comme solution de remplacement évitant de recourir aux décharges
et aux remblais ; mais pour trois tonnes d'ordures brûlées on crée une tonne de cendres
hautement toxiques. Les particules qui s'échappent des dépôts s'envolent au-dessus des zones
résidentielles, des fermes et des étendues d'eau.

Greenpeace, la National Wildlife Federation et le Canadian Institute for Environmental Policy
and Law ont réagi en exigeant la mise en place immédiate d'un programme de « zéro rejet ».
Un « gel des substances toxiques » devrait interdire immédiatement tout nouvel apport de
produits toxiques dans les Grands Lacs.

Si les peuples du monde habitent dans différents pays, nous n'en sommes pas moins
citoyens d'une communauté planétaire. Nous devons partager l'air, la terre et l'eau, éléments
nécessaires à la survie de tous, ce qui rend la santé de chacun de nous importante pour
tous.

Une bonne part de la nourriture que nous consommons est produite à des milliers de

Ci-dessus à gauche : *La mare et la carapace de cette tortue sont recouvertes d'une écume d'algues, ce qui traduit probablement le manque de pureté de l'habitat.*
Ci-dessus : *Cette formation rocheuse repose sur les rives du lac Michigan, où la pollution menace de détruire de vulnérables écosystèmes.*

kilomètres de nos supermarchés. Ainsi, les pesticides et les engrais employés dans les champs lointains exercent bel et bien leurs effets sur nous. Ce lien existant entre les systèmes naturels de la Terre et ses habitants n'apparaît nulle part avec plus d'évidence que dans le microcosme du bassin des Grands Lacs.

Les essais d'armes nucléaires dans l'atmosphère et l'accident de Tchernobyl nous ont appris que les substances contaminantes étaient rapidement transportées de par le monde. Les émanations des cheminées d'usines du Midwest américain contribuent de manière décisive aux pluies acides du Nord-Est. Tel le noir d'une cible, les Grands Lacs absorbent non seulement la pollution venue des terres agricoles et des cités industrielles qui les entourent, mais aussi celle qui est apportée par les vents chargés de toxines depuis le Mexique et l'Amérique centrale. La situation de ces lacs illustre bien la nécessité d'un contrôle planétaire de la production de substances chimiques toxiques.

La pollution a atteint un niveau tel que seule une interdiction mondiale de la production, du transport et de l'emploi de produits chimiques dangereux peut permettre de « guérir » les Grands Lacs. Sans cette interdiction, la contamination de cet écosystème ne connaîtra pas de fin.

LES FORÊTS
TROPICALES HUMIDES

Les profondeurs des forêts tropicales humides recèlent une faune et une flore qui défient l'imagination. La peau transparente de certaines grenouilles dont la taille ne dépasse pas deux ou trois centimètres laisse apparaître des os verts et une artère rouge reliée au cœur. Des papillons odoriférants reproduisent le parfum et la couleur du chocolat. D'autres, aux ailes bleu électrique, jaillissent puis planent délicatement, comme le font au soir des phalènes de près de trente centimètres d'envergure. Des orchidées aux pétales de la taille d'une main tendue se penchent avec grâce. Certaines araignées sont assez grosses pour dévorer les petits oiseaux pris au piège de leur toile.

Les deux tiers des espèces qui vivent dans les forêts tropicales passent leur existence au sommet des arbres, sans jamais s'aventurer au sol. Le lien entre sol et cime est assuré par les fourmis, les scorpions et les guêpes qui gravissent et descendent le tronc et les branches des arbres. Le plancher de la forêt est le royaume des insectes.

Là, dans la luxuriante bande équatoriale qui ceint le globe et constitue l'écosystème majeur le plus diversifié de tous, résident la moitié de toutes les formes vivantes du monde. Il en va ainsi du fait de températures perpétuellement élevées et de précipitations généreuses (la zone tropicale reçoit de quatre à huit mètres de pluies par an). La moyenne annuelle des précipitations est à Bornéo de cinq mètres, soit huit fois plus qu'à Paris.

Ces pluies torrentielles, qui tombent au moins une fois par jour, sont interceptées par des masses de feuilles et de lianes. L'eau roule ensuite le long des branches et des troncs jusqu'au sol de la forêt, cependant qu'une fine brume de moiteur s'écoule constamment à l'extrémité des feuilles, maintenant ainsi une atmosphère de serre dans laquelle les plantes prospèrent.

Nulle saison sèche ou froide ne vient gêner la croissance de la végétation de la forêt pluviale, végétation où se trouvent les quatre cinquièmes des éléments nutritifs de la forêt. Les sols des forêts tropicales sont presque stériles, dans la mesure où seuls quelques centimètres en surface contiennent de petites quantités de sels nutritifs.

Les forêts tropicales humides ne couvrent que sept pour cent des masses continentales (soit 2 pour cent de la surface terrestre) — à l'origine, cette verdoyante ceinture s'étendait sur le double de cette superficie. Il en reste environ un million d'hectares de part d'autre de l'équateur. Les principales étendues qui demeurent sont situées en Amazonie, en Asie du Sud-Est et en Afrique de l'Ouest.

La richesse de cet écosystème de taille relativement réduite ne peut être surestimée. Une majorité des espèces animales et végétales de la planète ne se trouvent que dans les forêts pluviales. Sur les deux cent cinquante mille espèces de plantes identifiées que compte le monde, quatre-vingt-dix mille occupent la forêt pluviale. Trente mille autres au moins, dont la plupart vivent aussi dans les forêts tropicales, attendent d'être découvertes.

Selon le Rainforest Action Network, un échantillon de dix kilomètres carrés de forêt pluviale pris au hasard recèle jusqu'à mille cinq cents espèces de plantes à fleurs, sept cent cinquante essences d'arbres, cent vingt-cinq espèces de mammifères, quatre cents d'oiseaux, cent de

Page ci-contre : *Les chutes d'Iguaçú, au Brésil. La végétation dense, luxuriante, est caractéristique d'une forêt tropicale humide.* **Ci-dessus :** *Phyllium pulchrifolium, insecte mimétique de la forêt pluviale de Malaysia, ressemble fortement aux feuilles des branches sur lesquelles il vit.*

© Robert & Linda Mitchell

Cette mante,* Hymenopus coronatus, *qui vit sur les orchidées de la forêt pluviale malaise, rehausse d'une éclatante touche de couleur la feuille sur laquelle elle est posée.

reptiles, soixante d'amphibiens et cent cinquante de papillons. On a découvert que sur le tronc et les feuilles d'un seul arbre du Pérou coexistaient quarante-trois espèces de fourmis, dont plusieurs étaient jusqu'alors inconnues !

Terry L. Erwin, de la Smithsonian Institution de Washington, qui étudie l'écologie de la voûte végétale des forêts tropicales, a procédé en 1988 à une expérience afin de déterminer l'abondance des insectes dans un secteur donné de la forêt du Panamá. Après avoir pulvérisé sur les arbres un insecticide biodégradable, il a recueilli sur un plateau les insectes qui tombaient. Les résultats, étonnants, ont révélé la présence de plus de mille deux cents espèces différentes de coléoptères, sur dix-neuf spécimens d'arbres appartenant à une seule essence ! Certaines de ces mille deux cents espèces se nourrissaient de champignons, d'autres dévoraient leurs congénères, d'autres encore se nourrissaient des arbres, ou de charognes. Terry Erwin a estimé qu'un sur sept de ces coléoptères vivait exclusivement sur les arbres de cette essence.

A partir de ses expériences, qui comprenaient des études semblables effectuées au Pérou et au Brésil, T. Erwin a déduit que dix des trente millions d'espèces d'insectes que compte le monde vivaient dans les arbres des forêts pluviales. Cette estimation pourrait même pécher par excès de prudence ; elle a aussi pour effet d'étendre les horizons inconnus de notre monde jusqu'à un point beaucoup plus lointain. Aujourd'hui, moins de deux millions d'espèces animales (dont la moitié sont des insectes) ont été décrites.

La Colombie, d'une superficie sept fois inférieure à celle des Etats-Unis, compte deux fois plus d''espèces d'oiseaux. Près de la moitié du nombre total des espèces d'oiseaux du monde (plus de quatre mille) se trouvent dans le bassin de l'Amazone.

L'Amazonie contient aussi plus de genres de papillons que tout autre lieu sur Terre. Si l'on n'en a découvert que de cinq à six cents familles à travers les Etats-Unis, le seul Pérou compte plus de quatre mille espèces de papillons et vingt mille espèces de phalènes ! Sur la bonne quarantaine de variétés de singes du Nouveau Monde, trente vivent exclusivement au sommet des arbres d'Amazonie, au Brésil principalement.

Les espèces de poissons sont plus nombreuses dans le bassin de l'Amazone que dans tout l'océan Atlantique. Plus de deux mille ont déjà été classifiées, mais il faut probablement multiplier ce nombre par deux pour approcher la réalité. Sur un hectare de forêt tropicale humide, on dénombre de cent à deux cents espèces d'arbres (quand les forêts tempérées d'Amérique du Nord et d'Europe ne comptent que de cinq à dix essences).

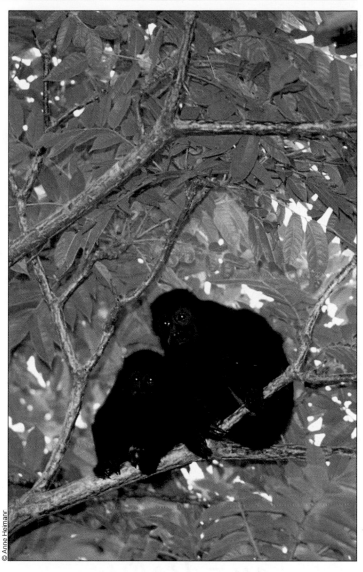

Ces singes hurleurs du Costa Rica (Alouatta seniculus) *sont ainsi nommés en raison de la puissance des sons qu'ils émettent, notamment pour marquer le territoire de leur groupe.*
Ci-contre : **Papilio rumanzovia,** *machaon des forêts d'Asie.*

Fourmilier arboricole, ce tamandua du Venezuela ne survivrait pas à la destruction de son habitat forestier.

INTERRELATIONS DANS LA FORET

Dans une forêt tropicale humide, la vie animale et végétale s'organise en « couches ». De grands arbres hauts de trente à soixante mètres occupent le niveau supérieur. Leurs cimes forment un parasol au-dessus de la forêt. La lumière du soleil est fort atténuée, comme si elle traversait un épais rideau de dentelle. Ce manque d'ensoleillement empêche la croissance d'une végétation foisonnante sur le plancher de la forêt.

De puissantes lianes dominent la couche qui vient au-dessous de la voûte des arbres. Elles s'entremêlent et s'accrochent aux branches où s'incrustent les plantes épiphytes, qui comme les lianes croissent sur les arbres sans les parasiter. Ce groupe comprend des fougères, des mousses, des lichens, des hépatiques, des cactus et des broméliacées. Dépourvues de racines souterraines, les plantes épiphytes tirent leur nourriture du milieu qui les entoure : les sels minéraux proviennent des feuilles qui tombent et des cadavres d'animaux en décomposition. Les broméliacées (apparentées à l'ananas), stockent l'eau de pluie à la base de leurs feuilles, comme d'autres plantes aériennes. Les orchidées sont sans doute les plantes épiphytes qui nous sont le plus familières ; on en connaît en effet plus de vingt mille espèces, qui pour la plupart croissent dans les hautes branches des arbres tropicaux.

Les arbres de plus petite taille, qui reçoivent moins de lumière solaire et s'élèvent donc à des hauteurs comprises entre dix et trente mètres, comblent la brèche entre le sol et la cime des grands arbres de la forêt tropicale.

Opossums, lémuriens, paresseux, singes et autres mammifères vivent au sommet des arbres ; avec aras, perroquets de taille moindre, chauves-souris et autres animaux ailés. Insectes, grenouilles, serpents et champignons occupent les niveaux inférieurs et le sol.

Un cinquième de toutes les plantes et de tous les oiseaux de la Terre sont apparus dans le bassin de l'Amazone. Les tropiques constituent le plus ancien écosystème permanent de la planète. L'étude des fossiles révèle que les forêts d'Asie du Sud-Est existent sous une forme quasiment stable depuis soixante-dix à cent millions d'années. Le climat constamment humide qui s'est maintenu tout au long de cette période a rendu possible la constitution d'une « banque d'espèces », où se trouve entreposée toute la diversité génétique des forêts pluviales.

Tout aussi étonnants sont les rapports de symbiose (co-évolution des espèces permettant la survie de tous) qui se sont développés au sein de la flore et de la faune tropicales. Certaines plantes exhalent une odeur de viande putréfiée afin d'attirer les mouches qui assureront leur pollinisation. Des arbres s'en remettent aux poissons pour répandre leurs graines lors des crues des cours d'eau. Une espèce particulière de guêpe se nourrit d'un figuier particulier, dont elle assure la pollinisation en retour.

Ce système de réciprocité est illustré par les liens entre l'acacia et les fourmis qui vivent sur cet arbre. Sans les fourmis, l'arbre périrait. Les insectes vivent dans des trous qu'ils percent sous les épines de l'acacia. Ces fourmis récoltent sur les pointes des feuilles vitamines et

Ci-contre : *Une cascade pareille à un fil de soie s'enfonce dans les profondeurs de cette forêt du Guatemala.* En haut : Dendrobates pumilio, *grenouille venimeuse du Costa Rica.* Ci-dessus : *Ces orchidées non identifiées rapellent les* Phaleaniopsis.

huiles essentielles nécessaires à leurs larves. En échange, elles attaquent et piquent tout autre animal qui s'aventure sur l'acacia, le protégeant ainsi.

Tout aussi incroyable que les formes vivantes des tropiques et les relations de dépendance mutuelle qui les unissent, le rythme de disparition de l'écosystème est tout à fait inquiétant. Depuis 1960, plus du quart des forêts d'Amérique centrale ont été détruites pour y élever des bovins : 85 à 95 pour cent de la viande ainsi produite a été exportée aux Etats-Unis ; bien que cela ne représente que moins de deux pour cent de la consommation de viande de bœuf des Etats-Unis, l'effet sur les forêts d'Amérique centrale a été dévastateur. Les sols presque dépourvus de sels nutritifs ne permettent de produire qu'environ neuf kilogrammes de viande par hectare et par an. Outre l'élevage des bovins, les forêts d'Amérique centrale et d'Amérique du Sud subissent les conséquences de l'agriculture et de l'abattage des arbres.

Toutes les forêts primaires de l'Inde, du Sri Lanka et du Bangladesh ont été rasées. Les forêts de la Côte d'Ivoire ont presque complètement disparu, du fait de l'abattage. Entre 1960 et 1985, les Philippines ont perdu plus de la moitié de leur forêt pluviale comme la Thaïlande. Chaque année, vingt millions d'hectares de forêt supplémentaires sont anéantis.

A moins que l'on ne mette immédiatement un terme à la déforestation, toutes les forêts pluviales de la péninsule malaise auront disparu à la fin de l'année 1991. En l'an 2000, le Nigeria pourrait bien avoir perdu toutes ses forêts ; la Thaïlande et le Congo verraient disparaître soixante à soixante-huit pour cent de leurs forêts tropicales humides. Le Guatemala, la Colombie, la Guinée et Madagascar auront perdu un tiers de leur couverture végétale tropicale ; le Ghana aura détruit un quart de ses forêts pluviales. Le Honduras, le Nicaragua et l'Equateur verront l'anéantissement de la moitié des forêts qui leur restent.

Dans dix ans, les forêts pluviales d'Amérique centrale, d'Asie du Sud-Est, d'Afrique de l'Ouest, des contreforts de l'Himalaya et des îles du Pacifique auront en grande partie disparu. Le Brésil sera privé d'une zone de forêt tropicale deux fois plus étendue que le Portugal. A ce jour, nous avons détruit plus de la moitié des arbres tropicaux du monde.

Réfléchissons à l'importance dans notre vie quotidienne de produits issus de la zone équatoriale. Combien de ces épices dans votre cuisine ? Poivre, piment de Cayenne, cannelle, clous de girofle, gingembre, noix de muscade, paprika, graines de sésame, vanille... Le sucre de canne, les cacahuètes, le thé, les noix de cajou, le tapioca proviennent des forêts tropicales, comme nombre des fruits que l'on achète sur le marché.

Les progrès de l'agriculture ont pu être réalisés grâce aux plantes et aux insectes des forêts tropicales humides. Les gènes des plantes sauvages et des cultures primitives sont nécessaires pour fortifier les plants modernes. Tous les plants de riz modernes contiennent le gène qui leur permet de résister à une maladie provoquée par un virus qui empêchait leur croissance ; ce gène a été découvert voici vingt-cinq ans, dans deux minuscules graines du centre de l'Inde. Par la suite, on n'a plus jamais trouvé de graines contenant ce gène résistant.

Les croisements et hybridations de fruits et végétaux des forêts pluviales avec des types

© G. Prance/Visuals Unlimited

Grâce à la pervenche rose Catharanthus roseus, *les personnes atteintes de leucémie lymphoïde ou de la maladie de Hodgkin ont désormais une chance de guérison.*
Une grave érosion résulte de la déforestation pratiquée à Madagascar.

cultivés modernes ont eu pour effet des améliorations qui se traduisent par une augmentation annuelle des revenus agricoles de plusieurs millions de dollars. Les mœurs de certains insectes permettent leur utilisation dans une lutte biologique contre les nuisibles ; en Floride, trois types de guêpes parasites évitent chaque année plus de trente millions de dollars de dégâts aux cultures. Des variétés de tomates ont été améliorées par des croisements avec des tomates sauvages de l'Equateur, du Chili et du Pérou.

Des avancées spectaculaires réalisées dans le domaine des sciences médicales l'ont été en grande partie grâce à des ingrédients venus des tropiques. Le National Cancer Institute américain a fait savoir que soixante-dix pour cent de toutes les plantes chez lesquelles ont été détectées des propriétés anticancéreuses ne se trouvent que dans les forêts pluviales. Au Costa Rica, deux cent vingt-cinq plantes contiendraient des agents anticancéreux. L'ipéca d'Amérique du Sud est aujourd'hui encore le plus efficace des traitements contre la dysenterie amibienne. La morphine est issue du pavot, et la quinine du cinchona ; les personnes atteintes de leucémie lymphoïde peuvent connaître une longue rémission, voire une guérison grâce à une pervenche rose, dont les feuilles permettent d'élaborer la vincristine.

Le haricot de Calabar, originaire d'Afrique de l'Ouest, est employé en tant que remède contre le glaucome. Une liane de la même région, le strophantus, est à la base de la strophantine, médicament utilisé dans le traitement d'affections cardiaques. La réserpine, extraite de la rauwolfia d'Inde et d'Asie du Sud-Est est considérée comme essentielle dans le traitement de l'hypertension. La cortisone et la diosgénine sont extraites d'ignames sauvages du Mexique et du Guatemala.

Pour un pays du Tiers-Monde tel que l'Inde, les bénéfices tirés de l'exportation des résines, du rotin, des fleurs, des huiles essentielles et des parfums — tous produits des forêts pluviales — atteignent cent vingt-cinq millions de dollars par an.

Fait extraordinaire, la sève d'un arbre d'Amazonie, le copaiba, est presque identique au gazole. Versée directement dans le réservoir d'un camion, elle permet à celui-ci de rouler. En 1975, on a découvert que l'huile extraite du haricot jojoba pouvait servir d'huile industrielle d'excellente qualité ; du fait de sa ressemblance avec le blanc de baleine, elle pourrait remplacer cette dernière et contribuer ainsi à sauver les baleines.

Les propriétés des plantes des forêts tropicales humides sont certes miraculeuses, mais il faut savoir que moins de un pour cent de ces plantes ont fait l'objet de recherches visant à identifier leurs composés chimiques.

L'espoir de survie de nombreuses espèces rares paraît de plus en plus mince, à mesure que leurs habitats sont détruits ; des portions de forêt tropicale sans cesse plus vastes sont dénudées, ce qui rend de plus en plus difficile la reproduction des jaguars, des fourmiliers, des grenouilles venimeuses et des toucans qui y vivent. Leur domaine est appelé à se réduire encore pour ne plus couvrir que les aires arborées des ravins ou des pentes les plus abruptes, qui ne se prêtent pas au défrichage.

A Madagascar, île plus grande que la France située à quatre cents kilomètres au large des côtes orientales de l'Afrique, la situation est proprement catastrophique. Près des quatre cinquièmes des populations animales et végétales de l'île sont uniques (elles n'existent nulle part ailleurs). Les lémuriens, qui constituent l'un des principaux groupes de primates, survivent exclusivement sur cette île, qui abrite le vingtième des espèces vivantes de la planète.

En 1949, les deux tiers de la forêt pluviale originelle de Madagascar subsistaient. En 1984, cette proportion était réduite à la moitié. Aujourd'hui, moins d'un dixième de la superficie du pays est encore couvert de végétation naturelle. On a peine à imaginer le terrible appauvrissement en terme de nombre d'espèces vivantes résultant de la destruction de ces habitats. D'aucuns pourraient toutefois se demander quelle est l'importance de la disparition d'une espèce, ou de dix, dans une forêt tropicale. La réponse est simple : s'il est difficile de quantifier la valeur exacte d'une espèce en particulier, il n'en demeure pas moins que chaque espèce apporte une contribution essentielle à la stabilité de la chimie et du climat planétaires.

L'hypothèse suivante a été émise dans le cadre d'une étude réalisée en 1987 : puisque les forêts où vivent au moins la moitié des deux millions deux cent mille espèces que compte la Terre seront probablement réduites à moins du dixième de leur superficie totale au cours de la quinzaine d'années à venir, plus d'un million d'espèces sont appelées à disparaître dans

© E.F. Anderson/Visuals Unlimited

L'écorce du quinquina, arbre du genre **Cinchona** *originaire des forêts tropicales humides, fournit la quinine.*

ce laps de temps, ou peu après. Dans l'ouest de l'Equateur, par exemple, une région qui était presque entièrement recouverte de forêts voici quarante ans est aujourd'hui presque entièrement dépourvue d'arbres. Avec l'expansion vers de nombreuses autres régions de ce type de déforestation, le taux d'extinction atteindra une moyenne de plus de cent espèces par jour. La grande majorité de ces espèces n'auront pas été identifiées, et ne figureront donc jamais dans aucune collection scientifique, ni ne seront préservées ou connues de quelque manière que ce soit. Aucune extinction à un rythme comparable ne s'est produite depuis la fin du Crétacé, voici soixante-cinq millions d'années, qui vit disparaître plus de la moitié des espèces vivantes de la Terre, y compris les dinosaures.

Si la destruction se poursuit, des millions d'années d'évolution végétale et animale seront effacés à jamais en quelques décennies. Sur les sept cents espèces de reptiles et d'amphibiens connues que compte l'Equateur, près de deux cents n'ont été découvertes que depuis 1970. Peut-être reste-t-il quelque trois millions d'organismes tropicaux à découvrir et nommer dans le monde. Certains scientifiques estiment que ce nombre pourrait être dix fois plus élevé.

A tout le moins, l'émotion qui accompagne la rencontre et l'étude des espèces hautement adaptées à leur milieu que recèle la forêt tropicale humide échappera à jamais au champ de l'expérience humaine. D'un point de vue scientifique, nous perdons l'occasion de comprendre la nature d'une grande partie de la diversité de la Vie sur Terre ; d'un point de vue esthétique, nous nous rendons incapables d'apprécier les résultats d'une évolution ininterrompue au fil des milliards d'années écoulés depuis l'apparition de la Vie sur la planète ; au plan économique, nous nous privons, et nous privons nos enfants de la possibilité d'employer nombre des plantes, animaux et micro-organismes qui pourraient tant apporter à l'existence des hommes.

L'évolution planétaire est pour toujours influencée par la disparition d'espèces vivantes dans la forêt tropicale humide. A dire vrai, l'humanité à peut-être fait dévier à jamais le processus de l'évolution : les poches de forêt pluviale qui subsistent ne peuvent jouer le même rôle que leurs ancêtres du temps de l'abondance. La biodiversité, cette complexité physique et biologique d'un milieu, est seule garante de la stabilité d'un écosystème. Elle a en outre pour effet de favoriser le maintien d'un riche réservoir de gènes provenant de la multitude des espèces qui ont connu l'évolution au travers de leurs codes génétiques propres. Une seule plante peut posséder quatre cent mille gènes différents, voire davantage. Un seul gène pourrait suffire à conduire les scientifiques à la découverte de remèdes médicaux ; mais qu'une espèce disparaisse, et avec elle est détruit son code génétique unique.

Arbres morts au nord d'Alta Floresta, au Brésil. Les sols peu épais des forêts pluviales sont aisément détruits.

LES FORETS PLUVIALES ET L'EQUILIBRE MONDIAL DE LA NATURE

Les forêts tropicales humides protègent les bassins fluviaux directement liés à la survie de quarante pour cent des exploitations agricoles du monde. Un bassin à la couverture végétale fournie parvient à retenir quatre-vingt-quinze pour cent des précipitations annuelles dans les racines des arbres, ce qui empêche les inondations et permet à ces racines de libérer progressivement leur eau et d'alimenter ainsi les cours d'eau.

Les modes de précipitations sont liés aux rythmes des forêts tropicales. La moitié environ de l'eau de pluie qui tombe sur les forêts retourne dans l'atmosphère par le truchement de l'évapotranspiration, processus par lequel s'effectue le transfert de l'eau de la terre et des feuilles des plantes vers l'atmosphère. Ce processus a pour conséquence la création d'un immense nuage d'humidité au-dessus des forêts. Transportée par le vent, cette humidité se mue en pluie à des milliers de kilomètres de distance. L'évapotranspiration absorbe en outre d'importantes quantités de chaleur. L'abattage des arbres a au contraire pour effet l'apparition de terres et d'un air desséchés. Si la zone défrichée est suffisamment vaste, des régions entières — jadis humides et luxuriantes — peuvent souffrir du manque d'eau.

La déforestation perturbe d'ores et déjà les précipitations ; à mesure que la disparition des arbres s'accélère, les conséquences s'en font sentir à des milliers de kilomètres au-delà de la bande équatoriale. Le centre du Panamá, frappé par la déforestation, a subi une diminution de ses précipitations annuelles de quarante-deux centimètres au cours des cinquante dernières années. La sécheresse qui touche l'Afrique depuis deux décennies pourrait être due au fait que les zones tropicales sont de plus en plus dénudées. En Inde, la déforestation opérée depuis 1950 a entraîné le doublement de la zone affectée par les inondations annuelles.

Les forêts pluviales emmagasinent dans leur végétation d'immenses réserves de carbone, aussi les brûlis qui y sont effectués libèrent-ils d'importantes quantités de gaz carbonique dans l'atmosphère. Les arbres coupés que l'on laisse se décomposer dégagent du gaz carbonique, à un rythme plus lent. Chaque année, l'utilisation des combustibles fossiles libère de deux à cinq fois plus de carbone que la déforestation ; les brûlis tropicaux sont toutefois considérés comme étant le deuxième facteur le plus important contribuant à l'effet de serre.

Au cours des vingt années à venir, la Terre pourrait perdre quarante pour cent de sa biodiversité du fait des rapides modifications climatiques envisagées. Ces modifications sont provoquées à un tel rythme que les plantes n'auront probablement pas le temps de s'adapter. En Asie du Sud-Est, des climats fort anciens sont altérés par la disparition des forêts pluviales. Des changements plus spectaculaires encore, aggravés par le réchauffement planétaire, pourraient venir menacer les exportations de cacao, de thé, de café, de caoutchouc, d'huile de palme, d'épices, de canne à sucre, de noix de coco et d'autres produits de la région.

Le fait de raser les forêts d'arbres à feuilles persistantes d'Amérique du Sud provoquerait

Les cultures sur brûlis (ici au sud de Santarem, au Brésil) détruisent des milliers d'hectares de forêt tropicale.

une hausse régionale des températures de 3 à 5 °C. La saison sèche serait allongée, la détérioration des forêts restantes activée. Même s'il est impossible de prédire avec exactitude quelles seraient les conséquences d'un tel événement.

L'idée est parfois émise selon laquelle le fait de planter cent trente millions d'hectares d'arbres dans les pays en voie de développement et quarante millions d'hectares dans les pays industrialisés pourrait entraîner une réduction des émissions de carbone du quart de leur niveau actuel. De telles mesures auraient pour effet de ralentir pendant plusieurs décennies

La destruction de la forêt pluviale en Amérique du Sud. Cette zone a été défrichée pour permettre des forages pétroliers.

la progression du réchauffement planétaire, ce qui nous ferait bénéficier d'un délai précieux pour faire face au problème des modifications climatiques.

Quelque deux cents millions d'êtres humains vivent dans les régions entourant les forêts et dépendent d'elles pour leur nourriture comme pour leur habitat.

Au Brésil, de soixante-dix à trois cent mille habitants de la forêt ne doivent par exemple leur survie qu'à la récolte du latex. Les « seringueiros » recueillent le suc laiteux en pratiquant une incision horizontale dans l'écorce de l'arbre. Cette pratique n'abîme pas l'arbre. En 1988, quarante pour cent de la production brésilienne de caoutchouc provenait des plantations ; en 1991, cette proportion va être portée à soixante pour cent.

Au total, quelque deux milliards sept cents millions d'êtres humains vivent sous les tropiques ; un milliard d'entre eux, qui vivent dans un état de pauvreté extrême, coupent des arbres pour faire du feu, afin de se chauffer et de faire cuire leurs aliments. Au Brésil quatre-vingts pour cent des terres agricoles appartiennent à moins de cinq pour cent des propriétaires terriens ; au Salvador, quarante pour cent des terres arables sont la possession de deux mille familles. Cette répartition inégale des terres, ajoutée à des programmes officiels d'incitation qui ont pour effet de déplacer des populations hors des forêts pluviales afin de dégager de précieuses parcelles cultivables, réduisent les chances d'empêcher la disparition des forêts.

Dans l'espoir d'améliorer leur sort, certains paysans gagnent la forêt humide avec leur famille. Bien que la pluie lessive les sols fragiles et entraîne leurs éléments nutritifs, ces paysans tentent de cultiver la terre la où la forêt a été défrichée. Si le rendement peut être correct dans un premier temps, après une ou deux récoltes (après trois ans tout au plus), le paysan s'aperçoit qu'il lui est impossible de nourrir sa famille. Il abandonne son lopin, qui est ensuite revendiqué par les éleveurs ; pendant quelques saisons, ceux-ci y font paître du bétail. Mais la pluie provoque une érosion des sols. Les agriculteurs et les éleveurs continuent de se déplacer, en coupant et brûlant la forêt au gré de leur migration. Chaque année, des centaines de milliers d'hectares de forêt tropicale sont détruits de cette manière dans le monde.

Les autorités des pays concernés voient dans les sols des forêts une réponse facile et immédiate à la surpopulation et à la pauvreté de leur nation. Le Brésil, qui met en œuvre une politique d'installation de colons dans la forêt amazonienne, n'a pas besoin de ces terres pour l'agriculture. La superficie des terres agricoles brésilienne est telle que chacun pourrait disposer de quatre hectares sans que l'on touchât à la forêt pluviale. Les avantages qu'il y a à laisser la forêt intacte sont permanents. Pourtant, ces précieux atouts sont négligés au profit de l'abattage d'arbres, qui ne sert qu'à produire des profits immédiats et à court terme, pour le seul bénéfice d'un groupe très restreint d'investisseurs et de consommateurs.

Page ci-contre : *Là où la forêt a disparu, les sols nus subissent une terrible érosion.* **Ci-dessus :** *Après les brûlis, le débroussaillage.*

L'EXPLOITATION NON AGRICOLE

Les activités industrielles et commerciales telles que les forages pétroliers, l'exploitation minière, la transformation du bois ou la construction de barrages sont conduites dans le but de rendre les pays tropicaux plus riches et plus compétitifs sur les marchés mondiaux. En réalité, ces pratiques qui ont pour conséquence la destruction des forêts et, au lieu de payer des royalties ou des taxes et de fournir des emplois, elles ne profitent généralement qu'à leurs propriétaires et aux investisseurs étrangers — les pays eux-mêmes n'en tirent pas de bénéfices.

Les besoins en bois tropicaux de l'industrie du meuble des nations développées prélèvent un lourd tribut sur les forêts. Cinquante-deux mille kilomètres carrés de forêt pluviale disparaissent chaque année du fait de ces abattages. Depuis 1950, la demande de bois de feuillu tropical s'est élevée dans d'importantes proportions dans les pays industrialisés (la consommation intérieure des pays producteur n'a que peu évolué). Les opérations de replantation, peu fréquentes, n'aboutissent absolument pas au remplacement des essences abattues.

D'immenses étendues de forêt pluviale sont défrichées en Colombie, au Pérou et en Bolivie pour y faire pousser le coca. Une cinquantaine de tonnes de cocaïne importées illégalement sont vendues chaque année aux Etats-Unis.

La plupart des pays tropicaux sont lourdement endettés envers les nations industrialisées ou les organismes de prêt internationaux tels que la Banque mondiale. Les gouvernements des tropiques autorisent une déforestation massive afin de stimuler la croissance de cultures de rapport, dont celles du café, du soja, de l'arachide, du manioc et du coton. Or, ces cultures impliquent le défrichement des forêts pluviales. Les éventuels bénéfices sont strictement à court terme, et plus qu'annulés par la dégradation de l'environnement. La valeur des forêts tropicales humides est plus grande lorsque ces forêts sont en leur état naturel : dans la durée, la récolte et la vente du latex, des fruits, des noix et des plantes médicinales peut rapporter deux fois plus que l'abattage des arbres ou l'élevage des bovins ; mais il est difficile à des pays frappés par la misère et qui brûlent de s'industrialiser, de voir au-delà des réalités de la faim et de l'endettement. Bien souvent, ils acceptent mal de s'entendre dire ce qu'ils doivent faire, en particulier lorsque le pays qui donne des conseils est coupable d'avoir décimé ses propres forêts comme c'est le cas des Etats-Unis.

Exploitation du bois dans la province indonésienne de Jambi, à Sumatra : la destruction de la forêt est telle que des centaines d'espèces perdent leur habitat et sont confrontées à la perspective de l'extinction.

© Tim Halle/Visuals Unlimited

Les bovins destinés à alimenter le marché du «fast-food» ont besoin de terres pour paître. Bien que les sols tropicaux ne soient pas adaptés à cet usage, des centaines de milliers d'hectares de forêts sont défrichés et détruits chaque année.

LA BANQUE MONDIALE

La Banque mondiale, qui est l'une des quatre banques multilatérales de développement (BMD) prête plus de vingt-quatre milliards de dollars par an aux pays en voie de développement ; ce faisant, elle exerce son influence sur la politique économique et la planification de plus de cent nations. Dans la mesure où la contribution des Etats-Unis est la plus importante apportée par un pays aux BMD, ce pays dispose d'une voix pratiquement incontestée « pesant » pour dix-neuf pour cent dans les projets de développement du Tiers-Monde.

La Banque mondiale est vivement critiquée par les organismes de défense de l'environnement, car plusieurs de ses projets de grande ampleur ne peuvent être mis en œuvre sans une déforestation à grande échelle dans les régions tropicales. La Banque s'est donc engagée à rétablir des projets de plus petite taille, apportant une aide directe aux pays, aux écosystèmes et aux habitants concernés. Par exemple, l'Environmental Defense Fund, travaillant avec des récolteurs de latex brésiliens et des membres des tribus, est parvenu à persuader la Banque mondiale et la Banque interaméricaine de financer des « réserves d'extraction ». Plus de deux millions d'hectares de forêt sont réservés pour la récolte perpétuelle des noix, du caoutchouc et d'autres produits apportant des récoltes régulières à long terme.

Le sombre Projet Polonoroeste du Brésil apporte une illustration de l'opposition entre les « développeurs » et la protection des forêts tropicales. Au cœur de ce projet, la Route BR-364, qui se dirige vers l'ouest depuis Rio de Janeiro et s'enfonce dans de vastes contrées dénudées, là où s'étendait auparavant la luxuriante forêt humide d'Amazonie. Cette route qui relie les deux capitales d'Etat que sont Cuiabá au Mato Grosso et Porto Velho au Rondonia n'a été construite que pour faciliter les activités minières, l'élevage du bétail et les cultures de rapport de nouveaux colons. En tant que condition de son financement partiel de ce gigantesque projet, la Banque mondiale a bien exigé des zones « protégées » et des réserves d'Indiens ; mais les problèmes se sont succédé à tel point que les autorités ont dû admettre que leurs propres fonctionnaires se sont opposés à tout prêt supplémentaire.

Les pionniers qui se sont lancés en foule sur la BR-354 recherchaient les riches terres agricoles gratuites que le gouvernement vantait dans les publicités télévisées. Tous ont appris que les sols ne se prêtaient qu'à une année ou deux de récoltes tout au plus ; aussi se sont-ils mis à abattre davantage d'arbres et à les brûler pour recommencer à cultiver sur un nouveau lopin. Dans leur quête de terres arables, les colons envahissent le territoire des Indiens et des récolteurs de latex. En 1988, les nuages de fumée dus aux brûlis effectués dans la forêt en Rondonia étaient si épais que l'aéroport de Porto Velho a dû être fermé à plusieurs reprises. Chaque année, les éleveurs et les agriculteurs de Rondonia mettent le feu à une zone de forêt d'une superficie égale à celle de la Belgique.

En 1989, deux météorologues ont donné à digérer à un ordinateur de la NASA des équations mathématiques représentant les lois qui régissent les climats, afin de déterminer les effets des abattages et des brûlis dans la forêt pluviale brésilienne. L'ordinateur a répondu qu'une augmentation des températures se produirait en Amazonie, et que dans cinquante ans la moitié de la forêt pluviale du pays serait réduite à l'état de prairie dépourvue d'arbres.

En dépit de cette prédiction, les phases ultérieures du projet Polonoroeste ont reçu un financement de la Banque mondiale, et sont actuellement en cours de réalisation. Elles comprennent notamment l'achèvement du barrage de Balbina sur un affluent de l'Amazone, près de la ville de Manaus. La présence du barrage sur la rivière va par ailleurs chasser deux mille Indiens de chez eux.

Les forêts pluviales ne s'étendent que sur une partie relativement réduite de la planète, mais elles n'en constituent pas moins un élément indispensable au bon équilibre de la Terre.

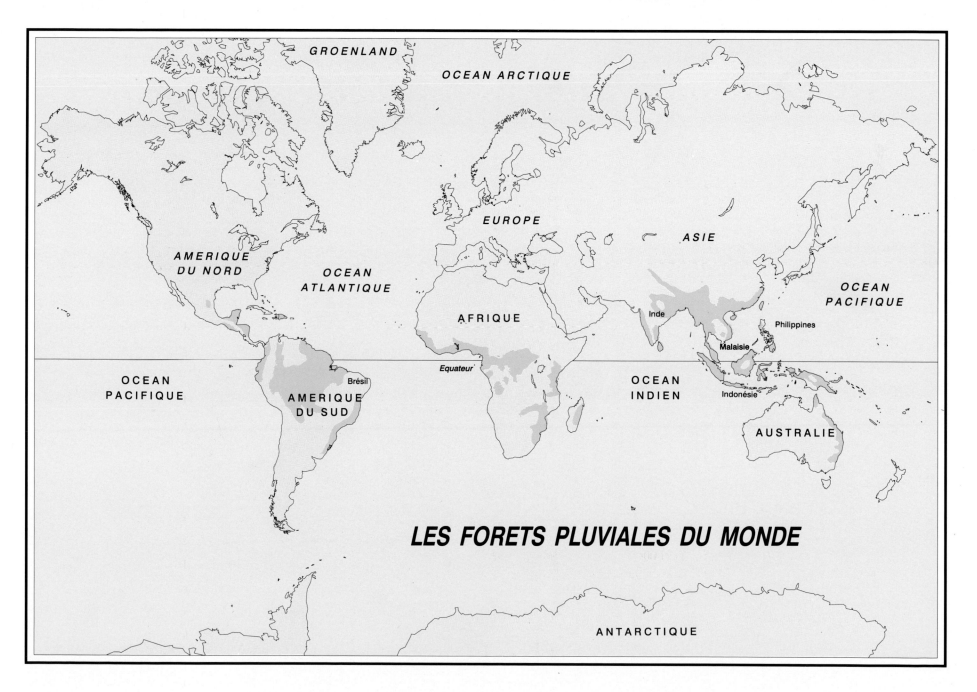

LES FORETS PLUVIALES DU MONDE

L'AMAZONIE

Un tiers de toutes les forêts tropicales qui subsistent sur la planète sont situées au Brésil, qui possède la moitié du bassin de l'Amazone. L'Amazonie, qui comprend le fleuve Amazone et la forêt qui recouvre son bassin, s'étend sur sept millions de kilomètres carrés, soit une superficie presque égale à celle de l'Australie. Outre le Brésil, huit pays se partagent le majestueux Amazone, qui s'écoule des Andes à l'Atlantique. Long de six mille quatre cents kilomètres (soit seulement cent soixante kilomètres de moins que le Nil), c'est le fleuve le plus large du monde. Il est alimenté par plus de mille affluents ; les deux tiers de toute l'eau des rivières de la planète arrosent le bassin de l'Amazone ; la moitié de tout l'oxygène produit par les végétaux terrestres du monde émane de l'Amazonie. Toutes les heures, l'Amazone déverse en moyenne six cent quarante-six millions de mètres cubes d'eau dans l'Atlantique.

Dans cet écosystème aux proportions colossales, les feuilles de nénuphar forment des tapis flottants d'un mètre de diamètre. Certaines des quelque cinq cents espèces de poissons-chats sont si grosses que des enfants auraient été dévorés par ces monstres. Les vairons d'une certaine espèce, qui vivent près de la surface, possèdent deux paires d'yeux — l'une pour voir au-dessus de l'eau, l'autre au-dessous. Quelques-unes des quarante espèces d'anguilles électriques de l'Amazone peuvent assommer leur proie en leur infligeant une décharge de huit cents volts. Les champignons décomposent si rapidement la matière végétale que les racines des plantes vivantes disposent d'éléments nutritifs en six semaines.

Durant la seule année 1987, les brûlis effectués au Brésil ont touché une zone d'une superficie presque égale à celle de l'Autriche ; mais en 1989, la destruction de la forêt pluviale a connu une diminution de trente pour cent par rapport à l'année précédente. L'Institut Brésilien de l'Environnement et des Ressources Naturelles Renouvelables, créé en 1989 en réponse à l'indignation soulevée par la perspective de nouveaux défrichages, supervise les activités de six cent douze gardes dans une région grande comme la moitié de l'Europe. Ces équipes ont réussi à localiser les brûlis illégaux, infliger des amendes et faire muter les fonctionnaires qui protégeaient les propriétaires terriens coupables de destruction d'arbres.

Le sentiment du président de cet organisme, Fernando Cesar Mesquita, était que l'on aurait pu sauver davantage de forêt encore si les pays industrialisés auprès de qui il avait demandé de l'aide (les Etats-Unis, la France, la Grande-Bretagne, l'Italie et l'Allemagne) avaient effectivement contribué à la protection écologique. M. Mesquita ne put obtenir que cinq hélicoptères du gouvernement brésilien. Il souhaitait recevoir des autres nations des appareils radar de repérage et des équipements de télécommunication, des vedettes, des véhicules à quatre roues motrices et d'autres hélicoptères.

M. Mesquita a souligné que le Brésil était le pays en voie de développement le plus endetté du monde et qu'il était favorable à une sorte de « troc » : remise de dettes contre des améliorations apportées à la situation de l'environnement. Il n'a reçu aucune proposition.

Page ci-contre : *Les rives d'un vert de jade de l'Amazone inférieur, au Brésil.* **Ci-dessus : Agrias narcissus,** *papillon du Brésil, est l'un des innombrables insectes brillamment colorés des tropiques.*

© Michael Major/Envision

Ci-dessus: *Le plantain croît sur le sol tropical dénudé. Lorsque la forêt pluviale a été défrichée, il est impossible de retrouver la diversité végétale et animale qui caractérisait ce fragile écosystème.* **Page ci-contre :** *Cette forêt pluviale du nord de Sumatra va-t-elle survivre ?*

VERS UNE ACTION AU NIVEAU MONDIAL

Des lueurs d'espoir apparaissent pourtant çà et là. Au Kenya, le National Council of Women (Conseil National des Femmes) parraine le Greenbelt Movement (Mouvement de la Ceinture Verte), qui a mobilisé plus de quinze mille paysans et un demi-million d'étudiants afin de planter plus de deux millions d'arbres. L'American Forestry Association a lancé une campagne visant à planter cent millions d'arbres aux Etats-Unis avant 1992.

En 1985, un plan d'action pour les forêts tropicales a été lancé par le Programme de développement des Nations Unies, le World Resource Institute, la FAO (Organisation pour l'alimentation et l'agriculture) et la Banque mondiale. Les premières mesures en faveur d'un effort décisif de plantation d'arbres et de protection des forêts ont alors été prises.

Deux ans plus tard s'est tenue la première Conférence d'action sur l'environnement au niveau de l'Amérique centrale, à l'issue de laquelle les six nations participantes ont publié une déclaration dont voici un extrait : « Si le processus de détérioration de l'environnement se poursuit, tout développement futur deviendra impossible, et l'instabilité sociale sera aggravée. Ceci étant, nous devons rechercher de nouvelles voies vers le développement. Afin de garantir un développement prolongé, nous devons aller vers la justice sociale et économique par une diversification de la production et une élévation du niveau de vie, parallèlement à une harmonisation des actions humaines avec la nature. Les représentants et les délégués de cette Conférence ont décidé de s'organiser en réseau régional pour une action au niveau de l'environnement. Ce réseau assurera la coordination de la mise en œuvre de nos recommandations et de leur traduction en action pour la paix et le développement à long terme... » Les êtres humains s'efforcent de réparer les dommages infligés au plus précieux des écosystèmes de la planète. Les frondaisons de la forêt pluviale recèlent les vestiges de notre évolution passée et le ferment d'un avenir de stabilité. Quels secrets les arbres détiennent-ils encore ? Peut-être connaissons-nous déjà le plus important ; l'humanité a besoin des forêts tropicales humides.

LE SAHEL

Le mot arabe *sahara* est le pluriel de *sahra*, qui signifie « désert ». La moitié de la surface désertique du monde est comprise dans la zone africaine de quelque neuf millions de kilomètres carrés : le Sahara. L'écosystème désertique est un phénomène naturel, qui concerne un tiers des terres émergées et se distingue principalement par ses caractéristiques climatiques.

Un autre mot arabe, *sahel*, signifie « rivage ». Le Sahel, région constituant la frontière sud du Sahara, s'étire sur environ cinq mille kilomètres du Soudan à l'océan Atlantique. Large de trois cents à mille cent kilomètres, il se partage entre sept pays et couvre deux pour cent de la masse continentale africaine. C'est une zone de transition entre les régions extrêmement arides du Sahara (où il peut s'écouler plusieurs années entre deux chutes de pluie, et où la couverture végétale est naturellement clairsemée) et la région semi-aride qui s'étend au sud (où les précipitations peuvent atteindre six cents millimètres par an et où les arbres, les prairies et les buissons sont plus abondants). Le Sahel se distingue par des précipitations limitées et une végétation rare et très spécifique. Les températures atteignent couramment 48 °C au printemps. Peu épais, les sols sont susceptibles d'être emportés par de brutales tempêtes ; ils sont en outre perturbés du fait de l'élevage et des activités humaines de développement.

Au cours des soixante-cinq millions d'années écoulées, les franges du Sahara ont reculé et avancé à de multiples reprises. Les peintures rupestres datant de la préhistoire retrouvées en des sites tels que celui de Tassili-n-Ajjer, en Algérie, représentent une faune abondante. Le nom même de Tassili-n-Ajjer — « plateau des rivières » — rappelle une époque où l'on chassait le buffle et où l'on menait paître le bétail dans les prairies. Les hippopotames se prélassaient dans des lacs ; des girafes haussaient le col dans des paysages verdoyants.

La sécheresse que nous associons désormais au Sahara est intervenue vers 3000 av. J.-C. ; mais des habitants du Sahel évoquent aujourd'hui ce à quoi ressemblait leur terre voici trois siècles, à l'arrivée de leurs ancêtres. Eléphants, girafes et lions étaient fort nombreux ; les arbres étaient si gros et si verdoyants qu'ils dissimulaient les lacs aux regards.

En cette fin du XXe siècle, c'est un Sahel bien différent dont les hommes tirent une maigre pitance. Seuls huit pour cent des terres sont arables. Les précipitations ne sont que de cent à six cents millimètres par an (quand il en faudrait sept cents pour autoriser des cultures). Les neuf dixièmes de l'humidité s'évaporent sous l'effet de l'aridité du climat. Un enfant sur trois souffre de malnutrition, et l'espérance de vie moyenne n'est que de quarante-six ans.

Une tempête de sable se déchaîne sur la savane africaine. La couverture végétale est cruciale pour le maintien des sols.

© Walt Anderson/Visuals Unlimited

Lorsque trop de bêtes paissent dans un même secteur, la végétation disparaît. Ces chèvres ne laissent derrière que de la poussière.

LA DESERTIFICATION

Ces problèmes sont aggravés par le processus écologique de la désertification. De fines particules sont arrachées aux sols par le vent ou l'eau, ne laissant qu'un sable grossier. Au Sahel, un demi-siècle de déforestation et les trop nombreux animaux mis à paître ont fait avancer le désert dans une zone auparavant verdoyante de la taille de la France et de l'Autriche réunies.

La désertification n'est pas un phénomène purement africain (chaque année, soixante-dix mille kilomètres carrés de terres sont gagnées par le désert à travers le monde), mais dans les pays du Sahel, le rythme de cette désertification est sept fois supérieur à la moyenne relevée dans les pays du Tiers-Monde !

La nature fabrique constamment une nouvelle couche arable, à son rythme propre d'une tonne et demi par hectare et par an. Toutefois, certaines activités humaines conduisent tout droit à l'expansion des déserts. Au cours de ces dernières années, la différence entre la perte et la création de terres arables s'est accrue dans d'importantes proportions.

Pourquoi la désertification gagne-t-elle à une telle allure au Sahel, alors que pendant des siècles les hommes ont vécu dans le continent africain tout entier de l'agriculture vivrière et de l'élevage nomade ? Les cultures africaines ont mis au point des modes de production bien adaptés aux limites naturelles du Sahel. Les méthodes d'assolement et de jachère permettaient aux champs de se reposer et de retrouver leur teneur en éléments nutritifs et en humidité, et ce pendant de longues années après deux ou trois saisons de culture. Les méthodes traditionnelles intégraient aussi l'élevage et l'agriculture. Les bovins et les caprins étaient nourris des résidus de cultures et de fourrage provenant des arbres ; leurs excréments étaient employés comme engrais organiques dans les champs et les jardins. De même, les pasteurs des zones les plus arides du Sahel, où l'agriculture ne pouvait être suffisamment productive, préservaient l'équilibre de la nature en se déplaçant avec leurs troupeaux à la recherche d'eau et de végétation. Or, ces méthodes de subsistance traditionnelles ont été de plus en plus mises à mal par une rapide croissance démographique, par des changements d'orientations sociales, politiques et économiques, et par la mise en œuvre de plans de développement inadaptés, d'inspiration occidentale.

L'Afrique connaît les plus forts taux de croissance démographique du monde, mais la production alimentaire n'augmente que beaucoup plus lentement. La population actuelle de quatre cent cinquante millions d'habitants dans les quarante-deux pays subsahariens est appelée à tripler dans les quarante ans à venir. L'arrivée de tant d'êtres humains dans un environnement fondamentalement fragile pourrait entraîner un nouveau déclin de la productivité des terres.

La nation africaine connaît aussi les taux de mortalité les plus élevés de la planète. Sur les sept millions de décès qui surviennent chaque année dans le monde, cinq millions se produisent en Afrique. Par ailleurs, la fécondité des femmes n'a pas changé, mais la mortalité infantile a diminué — de cent soixante-sept pour mille en 1960 à cent vingt-deux pour mille, en raison de l'introduction de méthodes de soins occidentales.

Le nombre des hommes et des animaux présents au Sahel est aussi en de nombreux

Ce secteur du désert de Namibie, dans l'ouest de l'Afrique australe, est connu sous le nom de « Côte des Squelettes ».

© Lee Kuhn/FPG International

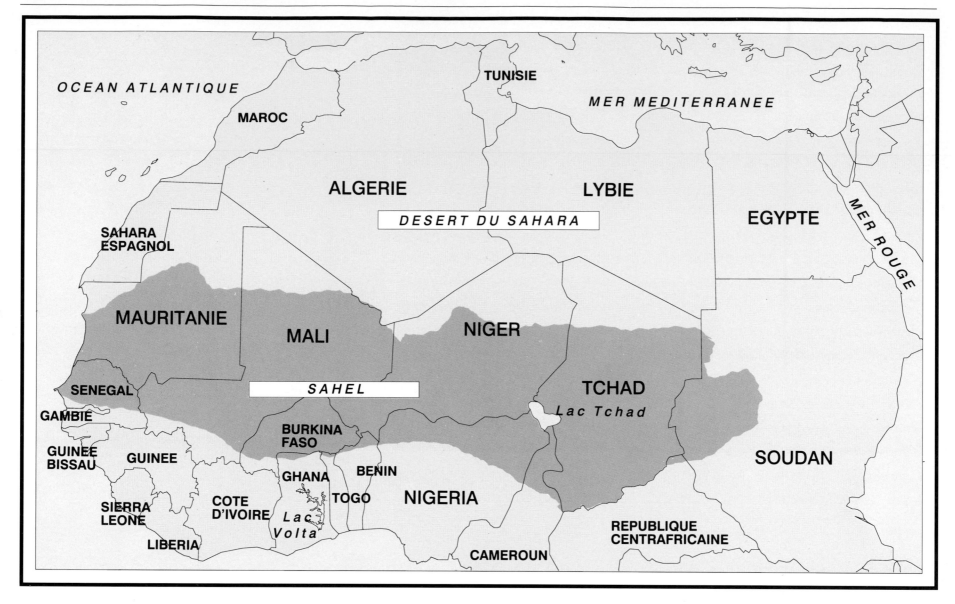

Le Sahel est l'une des régions du monde les plus sévèrement touchées par la désertification.

endroits trop important pour que les terres puissent subvenir aux besoins vitaux de tous. Une bande de prairie extrêmement aride au sud du Sahara permet la survie que de trois personnes pour dix kilomètres carrés (0,3h/km²), or près de vingt personnes tentent actuellement de survivre sur une telle surface (2h/km²). Plus au sud, dix-neuf personnes au kilomètre carré tentent de vivre, alors qu'une telle surface de terre ne peut pourvoir à l'entretien que de quatorze habitants.

Une étude a été réalisée à l'initiative de la Banque mondiale, qui s'est attachée plus particulièrement à la situation de sept pays : le Tchad, la Gambie, le Burkina Faso, le Mali, le Niger, la Mauritanie et le Sénégal. Dans ces contrées, le volume des précipitations croît à mesure que l'on se dirige vers le sud : la capacité des terres à subvenir aux besoins des hommes pratiquant l'agriculture et l'élevage selon les méthodes traditionnelles est directement fonction du niveau des précipitations dans chaque région. En 1980, dans deux zones orientées

© Dave G. Houser

Au Mali, des gardiens de troupeau conduisent leurs bêtes vers un puits pour qu'elles puissent se désaltérer.

est-ouest sur cinq, les besoins alimentaires de la population rurale dépassaient les facultés de production régulière des terres. Une étude de même type conduite par la FAO a permis de conclure que quatorze pays, représentant plus de la moitié de la population de l'Afrique subsaharienne, avaient outrepassé les capacités de production des terres. Avant la fin du siècle, sept pays s'ajouteront à la liste.

Les terres d'Afrique sont exploitées à outrance non seulement par les hommes, mais aussi par le bétail. L'élevage nomade a fait ses preuves en tant que moyen efficace de tirer le meilleur parti du maigre potentiel productif du Sahel ; mais pour que ce type d'élevage soit fructueux, un délicat équilibre doit être maintenu entre le nombre de bovins ou de chèvres et la quantité de végétation consommée par ces animaux. Qu'il y ait trop de bêtes, et elles fouleront ou consommeront toute végétation basse, avant d'écorcer les arbres. Privés de couverture végétale, les sols se dessèchent sous l'effet d'une chaleur extrême. L'humus, portion organique de la terre, est alors emporté par le vent. Lorsque la pluie tombe, une croûte se forme ; au lieu de s'infiltrer dans le sol desséché, les pluies suivantes s'écoulent en surface. Les baobabs, incapables de tirer l'humidité absente des sols, meurent. Le bétail périt à son tour, non de manque d'eau mais de faim. Les nomades, qui n'ont pour richesse que le bétail, se déplacent toujours plus loin vers le sud en quête de nouveaux pâturages. Ils laissent derrière eux des zones défrichées. Ces zones se déshydratent puis se rejoignent pour participer d'une nouvelle avance du désert. On estime que les excès de la culture et de l'élevage entraînent une progression du Sahara de soixante à cent quarante kilomètres par an.

Le processus de désertification de l'Afrique s'étend au-delà du Sahel, à des régions où des précipitations plus importantes suscitent normalement la croissance d'une végétation luxuriante.

© Domenico Ruzza/Envision

Ces femmes ont sans doute parcouru des kilomètres pour ramasser leurs fagots de bois à brûler. Il leur faut recommencer chaque jour, pour pouvoir faire la cuisine et afin que la tribu puisse se chauffer.

Au Botswana, nation des plateaux d'Afrique australe, l'énormité du cheptel a pour conséquence la création d'un désert là où s'étendait un vaste écosystème sauvage de savane rivalisant de richesse avec le Serengeti. « Grâce » aux subventions de la Banque mondiale, trois millions de têtes de bétail parcourent les dernières prairies vierges du Kalahari. Un nouveau programme de développement est en train d'envahir le delta de l'Okavango, gigantesque marécage qui abrite des millions d'oiseaux migrateurs, des éléphants, des antilopes, des hippopotames et une multitude d'espèces de poissons endémiques. Les Bochimans du Kalahari, qui vivaient en parfaite harmonie avec cet environnement, sont chassés de leurs terres ancestrales.

Résultat de ce programme d'élevage de dix-huit millions de dollars, le Botswana a perdu son statut d'exportateur « net » de denrées. Aujourd'hui, les deux tiers de sa population d'un million d'habitants sont dépendants de l'aide alimentaire, qui pour la majeure partie est expédiée des Etats-Unis. Aux prises avec cette crise alimentaire, le Botswana exporte des milliers de tonnes de viande de bœuf vers la Communauté Economique Européenne, où s'accumulent les surplus de viande ; aussi le bœuf du Botswana est-il revendu à l'Union soviétique à des prix inférieurs au dixième des coûts de production. La productivité des sols se réduit, à mesure que la dégradation de l'environnement s'étend à travers des régions jadis saines. Les pénuries de denrées conduisent à la famine, comme dans le Sahel.

Sous un climat tel que celui du Sahel, les arbres jouent un rôle essentiel. Chacun d'eux est une ancre qui arrime le sol et l'empêche d'être emporté par les vents. Ils rafraîchissent la surface du sol, et après leur décomposition fournissent un humus nourricier. Lorsque l'on

© Tim Gibson/Envision

plante des graines, les cultures peuvent bénéficier d'éléments nutritifs de base. Pour ces raisons, il est interdit de couper les arbres vivants au Sahel. Néanmoins, ces dispositions ne sont pas respectées tant est grand le besoin quotidien de bois pour la cuisine et le chauffage — quatre-vingt à quatre-vingt-dix pour cent du bois abattu au Sahel est employé à ces fins.

Les femmes ont pour responsabilité de ramasser le bois à brûler. A mesure que les arbres sont arrachés, leur quête les mène toujours plus loin de chez elles. L'agriculture est aussi de leur ressort ; elles produisent quatre-vingt pour cent des aliments que consomment leurs familles. Bien que leur travail soit à la base de l'économie agraire africaine, les femmes sont le plus souvent exclues de l'accès aux prêts ou à l'éducation. Dans le même temps, la dégradation de l'environnement entraîne un alourdissement de leurs tâches.

La quête de combustible est permanente. Le fumier, qui par tradition servait à engraisser les sols, ne retourne plus à la terre mais vient remplacer le bois d'allumage raréfié. Les sols s'épuisent rapidement, faute d'azote, de phosphore et des autres éléments nutritifs normalement apportés par le fumier. La terre s'appauvrit, les rendements diminuent.

L'abattage des arbres pour l'utilisation du bois en tant que combustible ou dans la production de charbon de bois accélère la désertification.

Au Soudan, en Ethiopie et en Tanzanie, l'érosion des sols dépasse fréquemment quatre cents tonnes à l'hectare. Au total, de huit à dix-huit millions de kilomètres carrés de l'Afrique subsaharienne sont menacés de désertification.

Un village du Niger pris dans une tempête de sable.

Ces Nigérians se rendent au bord du Bunsuru pour y trouver de l'eau. Les terres arides de la région ne se prêtent guère aux cultures.

TENDANCES ACTUELLES

Le nomadisme disparaît à mesure que les terres sont englouties par les sables. Au début des années 1970, dans le pays du Sahel qu'est la Mauritanie, un enfant sur deux naissait dans le désert. Tandis que le sable envahit les villages, les nomades s'enfuient vers le sud pour s'entasser dans des bidonvilles autour de Nouakchott, capitale de la Mauritanie où la population a triplé. En 1987, cette ville a été qualifiée de « plus grand camp de réfugiés du monde ». Les nomades farouchement indépendants se serrent dorénavant dans des taudis, taraudés par la honte autant que par la faim.

La sécheresse est un phénomène courant dans l'écosystème africain ; au cours des deux mille cinq cents ans écoulés, des épisodes d'aridité sont intervenus avant de disparaître sans provoquer de pertes extrêmes en termes de vies humaines, de bétail ou de récoltes. Mais les effets de tels épisodes ont récemment été exacerbés par une sur exploitation et une mauvaise gestion de ressources fragiles : les résultats en ont été catastrophiques.

La sécheresse qui frappe actuellement le Sahel est apparue en 1968. Jusqu'en 1973, deux cent cinquante mille personnes au moins ont péri, ainsi que trois millions et demi de têtes de bétail. Confrontés à une diminution de moitié de leur production de céréales, les agriculteurs durent se nourrir de leurs graines, de sorte que la récolte de l'année suivante fut anéantie. La première vague d'émigration vers Nouakchott commença alors. De 1974 à 1982, le Sahel connut des précipitations rares et inégalement réparties ; puis, en 1983 et 1984, les chutes de pluie furent les plus faibles enregistrées depuis le début du siècle, et une famine désastreuse toucha l'Ethiopie. Entre 1983 et 1985, de deux à quatre millions d'Africains douze mois moururent de faim et de maladie. Lorsque les pluies revinrent, douze mois plus tard, la moitié des réfugiés quittèrent les camps. Pourtant, cent cinquante millions d'Africains souffrent encore de la faim ou de malnutrition.

La marge entre ce que les sols africains produisent et la facilité avec laquelle ils peuvent être érodés est très ténue. Une décennie de précipitations supérieures à la moyenne, dans les années 1950, entraîna la mise en culture de vastes zones jusqu'alors laissées en friche. Les régions soumises à une exploitation trop intensive — Sahel, Ethiopie, Soudan, Somalie et Mozambique — furent précisément celles que la famine de 1984 toucha le plus durement.

De 1977 à 1987, plus de dix milliards de dollars ont été dépensés en aides à destination du Sahel, sans grands effets bénéfiques. Le désert poursuit son inexorable expansion ; des populations continuent d'être déplacées ; la faim demeure un fléau quotidien, et les ressources s'amenuisent. A l'évidence, tout programme de développement économique « parfait », tout schéma directeur pour le relèvement de l'Afrique sont hors de question. Les pays de l'Afrique subsaharienne, au nombre de plus de quarante, présentent des situations culturelles, économiques, politiques, géographiques, climatiques et écologiques variées. L'Afrique est tout simplement trop diversifiée pour s'accommoder de solutions monolithiques.

Ce qui marche en Afrique, ce sont les programmes à facettes multiples, à application locale, visant à minimiser la désertification. Le Burkina Faso reçoit moins de cinq cents millimètres de précipitations par an. Lorsque ces pluies surviennent, elle s'abattent en torrents sur la terre recuite par le soleil, qu'elles emportent au loin. Un programme de culture utilisant ces eaux de pluie a néanmoins eu pour effet d'amener les sols croûtés à produire des denrées.

Au travers d'un programme de l'OXFAM, des femmes ont appris qu'elles pouvaient améliorer le rendement de leurs cultures sans employer de pesticides ni de machines. Il leur suffisait de dresser des rangées de pierres épousant les courbes de niveau du sol. La pluie dévale les versants de collines jusqu'à ce qu'elle rencontre le muret ; le flux de l'eau est alors ralenti ; de la terre et des matières végétales s'amassent, puis l'eau parvient même à s'infiltrer dans la couche supérieure croûtée. Des plantes commencent à s'enraciner. Un an après la construction du premier muret, une récolte de mil fut moissonnée.

Dans d'autres villages, la désertification a causé l'assèchement de puits. Les populations ont réagi en agrandissant un barrage qui capte l'eau de pluie descendue d'une petite éminence de terrain. En 1986, le barrage a retenu de l'eau pendant trois mois. Les villageois l'ont élargi et surélevé, de manière à ce qu'il emmagasine plus d'eau encore, qui s'infiltre ensuite dans le sol et relève le niveau hydrostatique. Leurs efforts ont été récompensés l'année suivante.

En 1987, un groupe de délégués de plusieurs tribus nomades s'est réuni à Goram Goram, centre commerçant du Sahel. Ces tribus assuraient la majeure partie de l'élevage des bovins dans la région. Tous savaient que le bétail trop nombreux avait transformé la terre en désert, aussi fut-il décidé de persuader les populations d'élever des troupeaux plus petits, de meilleure qualité. Les revenus ne seraient pas modifiés, mais la destruction des pâtures serait moindre. Bien que les nomades soient confrontés à de nombreux obstacles (dont l'insuffisance de leur représentation au sein du gouvernement des pays concernés), ils s'efforcent tout de même de créer des marchés garantis, afin d'assurer la pérennité de leurs activités d'élevage.

Si le cycle de désertification du Sahel suit un rythme plus rapide que celui de la replantation d'arbres, des indications provenant d'autres contrées donnent à penser que des terres endommagées y seront remises en valeur. Bien que la désertification du Sahel se poursuive, l'éducation des populations et l'attention du monde se concentrent sur cette question. Pour peu que l'on parvienne à mettre sur pied des programmes de rétablissement, il existe une chance de voir un jour les habitants du Sahel subsister de nouveau sur la terre de leurs ancêtres.

Cette Camerounaise repique de jeunes pousses, dans l'espoir de bientôt pouvoir récolter.

QUE PEUT-ON FAIRE ?

A Cape Cod, on s'efforce de fixer les dunes pour empêcher l'érosion éolienne de faire son œuvre.

Que vous veniez d'apprendre ce que sont les CFC ou que vous soyez un écologiste actif et expérimenté, il est difficile de ne pas se sentir submergé par les faits exposés dans cet ouvrage. Peut-être vous demandez-vous « A quoi bon ? La pollution et les destructions sont trop généralisées pour que l'on puisse jamais y mettre fin. »

Or il n'est pas trop tard. Vous vivez les années 1990, « décennie de l'environnement ». La National Wildlife Federation affirme que si vous parveniez à convaincre deux personnes de faire quelque chose pour l'environnement, et si le lendemain ces deux personnes en persuadaient elles-mêmes deux chacune, et ainsi de suite, en moins d'un mois tous les Américains (ou tous les Européens) seraient prêts à entrer en action. Vous pouvez faire changer les choses.

Il est peut-être commode de s'arrêter dans un « fast-food » pour manger un hamburger, mais nous subirons tous les effets sur le climat de la disparition des forêts pluviales. Vous pouvez prendre la décision de ne plus consommer dans les fast-food. Le trafic de l'ivoire provoque chaque année la mort de quatre-vingt mille éléphants, tués pour leurs défenses. Si le massacre continue, dans moins de cinq ans le dernier des éléphants sauvages aura disparu.

La destruction sera-t-elle le seul héritage laissé par notre espèce ? Les humains seraient-ils incapables d'apprécier la flore et la faune d'un écosystème pour leur contribution au processus de la Vie dans son ensemble sans abuser des ressources de la planète ?

Nous avons exploité les ressources de la Terre pour assurer notre confort et satisfaire notre vanité, sans considération pour le coût. Aujourd'hui le fait que nous n'ayons pas su prendre nos responsabilités se retourne contre nous, comme en témoigne l'état de dégradation de notre planète. Si nous ne décidons pas immédiatement de vivre d'une manière qui n'insulte pas l'avenir, la nature continuera simplement de prendre les décisions pour nous.

Prendre le temps de réfléchir avant d'acheter un produit peut paraître une perte de liberté, mais c'est pourtant la seule manière d'obtenir une qualité de vie acceptable, pour nous-mêmes comme pour les générations à venir. Vous, vos enfants et les enfants de vos enfants méritez de voir l'océan regorger de poissons, non pas de vidanges et de seringues hypodermiques. Nous devons donc réfléchir à ce que nous achetons et à la façon de nous en défaire.

Vous disposez également d'un extraordinaire pouvoir en tant que consommateur. Lisez les étiquettes. L'emballage peut-il être recyclé ? Le produit contient-il des ingrédients nocifs ? Pourquoi dépenser de l'argent pour des produits qui par leur utilisation vont polluer l'environnement (et nous-mêmes) ?

Vous trouverez en appendice des suggestions spécifiques quant aux actions individuelles que vous pouvez entreprendre pour changer les choses dès maintenant : les choses peuvent effectivement changer si nous pensons à ce que nous sommes en train de faire à la Terre. Rappelez-vous que nous pouvons parler de la couche d'ozone, de l'océan, des forêts... mais qu'en fin de compte l'environnement le plus en danger de la planète est notre propre corps.

Chacun de nos actes peut être comparé à une trace de pas qui va laisser une empreinte sur la Terre : de grâce, ayez le pied léger.

APPENDICE : QUE PEUT-ON FAIRE ?

LA COUCHE D'OZONE

© Michael Bayloff

1. Evitez d'acheter des produits emballés dans du polystyrène expansé. Préférez les boîtes à œufs en carton. Bien que les articles jetables soient source de gaspillage, choisissez toujours du papier ou du carton plutôt que du polystyrène.

2. Si vous mangez dans les établissements de restauration rapide, choisissez ceux qui proposent des emballages biodégradables. Si vous remarquez qu'un établissement emploie des gobelets en polystyrène, écrivez au siège de la société pour leur demander de mettre fin à cette pratique.

3. N'achetez pas de produits contenant des CFC ou des halons, tels que :

■ Extincteurs au halon — les extincteurs à substances sèches fonctionnent tout aussi bien.
■ Bombes de dépoussiérant aux CFC
■ Bombes de cotillon utilisant des CFC (gaz propulseurs)
■ Bombes sonores aux CFC (telles que celles qu'utilisent les supporters dans les stades)
■ Mousses isolantes aux CFC — employez de la fibre de verre ou de la cellulose.

4. Demandez aux commerçants de ne pas vendre de produits contenant CFC ou halons.

5. Si votre voiture est équipée d'une climatisation :

■ Faites entretenir le climatiseur chez des spécialistes qui recyclent les produits employés.
■ Demandez à l'atelier d'acheter et d'employer un équipement de recyclage des CFC.
■ A chaque visite à la station service, demandez si celle-ci recycle les CFC.
■ Ecrivez à votre journal local pour signaler les garages qui recyclent les CFC.
■ Demandez aux magasins d'accessoires automobiles de ne pas vendre de recharges de produit réfrigérant contenant des CFC.

6. Renseignez-vous pour savoir si l'entreprise ou le secteur industriel dans lesquels vous travaillez emploient des CFC ou des halons. Essayez de voir s'il est possible d'en réduire l'usage.

7. Soutenez les initiatives locales, régionales et nationales visant à protéger la couche d'ozone. Lancez une campagne de lettres.

8. Ecrivez à vos élus en leur demandant de soutenir la disparition progressive des CFC et des halons, l'étiquetage des produits destructeurs d'ozone, et l'obligation de recyclage des CFC. Une lettre à un député peut faire changer un vote !

9. Pour rafraîchir l'air à l'intérieur de votre maison ou appartement, préférez des fleurs séchées ou des plantes aux désodorisants en bombe aérosol. Si les nouveaux aérosols n'endommagent pas la couche d'ozone, nombre d'entre eux utilisent de l'isobutane et du propane, substances nocives pour le cœur et le système nerveux. Les plantes purifient naturellement l'air de votre foyer — les plus efficaces à cet effet sont les philodendrons.

L'OCEAN

1. N'oubliez pas que les matières plastiques sont faites à partir de pétrole, ressource non renouvelable. Durant la fabrication du plastique, cinq des six substances chimiques désignées par l'EPA comme étant à l'origine des déchets les plus dangereux sont produits. Faites pression pour que soient employés des emballages non jetables, mais au contraire réutilisables — bouteilles de verre, par exemple. Ecrivez aux fabricants et aux élus pour que soit abandonnée la mentalité du « jetable », et commencez dès maintenant à favoriser les emballages qui ne sont pas sources de gaspillage.

2. Ne jetez jamais de produits toxiques ou dangereux dans une fosse septique, dans l'évier ou sur le sol. Ils finissent par contaminer les nappes phréatiques. Utilisez des produits non toxiques pour obtenir le même résultat.

3. Evitez d'employer trop de détergents ou d'autre substances chimiques dans l'entretien de votre bateau. Utilisez des produits biodégradables.

4. Recyclez l'huile de moteur en la portant chez un garagiste — ne la jetez pas n'importe où ! Un litre d'huile peut contaminer des milliers de litres d'eau des nappes phréatiques. Trente pour cent de l'huile présente dans l'océan provient de l'huile jetée sur terre.

5. Employez chaque fois que cela est possible des méthodes naturelles et non toxiques pour lutter contre les insectes.

6. N'achetez pas de ballons de baudruche — ils finissent dans l'océan et tuent des animaux marins. Encouragez les commerçants à penser à l'environnement lorsqu'ils commandent leurs articles de fêtes.

7. Achetez des savons et détergents sans phosphate ; demandez à votre supermarché de se fournir en produits de ce type, si ce n'est pas encore le cas.

8. Utilisez des produits de remplacement naturels au lieu des produits nocifs servant à nettoyer votre maison, et notamment les canalisations et le four. Cinq ingrédients de base répondent fort efficacement à la plupart de vos besoins : le bicarbonate de soude, le vinaigre blanc, le borax, les savons biodégradables et les cristaux de soude.

9. Evitez d'employer des tampons avec applicateur en plastique. Envisagez la possibilité de remplacer les serviettes hygiéniques et les tampons à base de papier (les articles blanchis contiennent de la dioxine et sont souvent irradiés à des fins de stérilisation) par des éponges marines naturelles, que vous trouverez dans les magasins de produits diététiques, biologiques et naturels.

10. Participez aux opérations de nettoyage des plages. Si vous n'habitez pas à proximité de la mer, faites attention à ce que vous achetez et à la façon dont vous vous en débarrassez.

LES FORETS TROPICALES HUMIDES

1. Evitez d'acheter des meubles ou des produits faits de bois provenant des forêts tropicales. Faites savoir aux fabricants et aux commerçants pourquoi vous n'achetez pas ces produits. Les bois les plus employés sont :

- L'acajou (Antilles, Côte Ouest de l'Afrique)
- Le teck (Asie du Sud-Est)
- Le bois de rose (Brésil)
- L'ébène (Afrique, Inde, Sri Lanka)
- Le ramin (Asie du Sud-Est)
- L'afromose (Afrique)
- L'iroko (Afrique)
- Le cèdre (Amérique centrale, Amérique du Sud, ainsi qu'Etats-Unis et Canada).

Menuisiers et artisans, n'achetez pas d'aggloméré produit à partir de bois des forêts pluviales !

2. Des pesticides interdits aux Etats-Unis, en Europe et au Canada sont envoyés dans les pays du Tiers-Monde puis employés dans la culture de produits destinés à l'exportation. Au Pérou, des plants de coca sont détruits près des sources de l'Amazone.
Le State Department américain utilise des herbicides hautement toxiques qui tuent des plantes et animaux rares en aval, empoisonnent des rivières et contaminent les sols. Ces pesticides cancérigènes reviennent dans les pays développés dans les denrées importées. Ecrivez à vos élus pour les sensibiliser à ce problème.

3. Ecrivez au président de la Banque mondiale pour le presser de cesser de financer les barrages de la forêt pluviale, qui noient des milliers d'hectares de forêt, forcent des tribus indigènes à s'exiler, et placent les pays en voie de développement dans une situation d'endettement dont ils ne peuvent s'extirper.
Demandez-lui de financer des programmes à plus petite échelle qui exercent des effets positifs sur les forêts tropicales humides et leurs habitants. Ecrivez à :
Mr. Barber J. Conable, Jr., President
World Bank
1818 H St. N.W.
Washington, DC 20433
Etats-Unis d'Amérique

3. Ecrivez au président de la Banque mondiale pour le presser de cesser de financer les barrages de la forêt pluviale, qui noient des milliers d'hectares de forêt, forcent des tribus indigènes à s'exiler, et placent les pays en voie de développement dans une situation d'endettement dont ils ne peuvent s'extirper. Demandez-lui de financer des programmes à plus petite échelle qui exercent des effets positifs sur les forêts tropicales humides et leurs habitants. Ecrivez à :
Mr. Barber J. Conable, Jr., President
World Bank
1818 H St. N.W.
Washington, DC 20433
Etats-Unis d'Amérique

4. En 1990, les satellites de la NASA ont localisé cent soixante-dix mille feux dans la province brésilienne de Rondonia, dont le riche écosystème a perdu le cinquième de sa forêt pluviale. Les brûlis en forêt tropicale humide sont responsables d'une importante proportion de l'émission totale de dioxyde de carbone, principale cause de l'effet de serre. Envoyez une lettre au secrétaire général du Programme des des Nations Unies pour l'environnement, pour demander la tenue d'urgence d'une session extraordinaire visant à faire cesser les brûlis en Amazonie. Ecrivez à :
Mostafa Kamal Tolba, Executive Director
U.N. Environment Programme
P.O. Box 30552
Nairobi
Kenya

LA DESERTIFICATION

1. Encouragez vos élus à s'intéresser à la recherche et au développement dans le domaine de l'agriculture biologique, ainsi qu'aux incitations économiques et éducatives pouvant aider les agriculteurs à mettre un terme à leur emploi de substances chimiques dangereuses.

2. Pensez à la manière dont la production de vos aliments affecte l'environnement. Les bêtes élevées à des fins alimentaires aux Etats-Unis consomment suffisamment de grain pour nourrir plus de cinq fois la population de ce pays ; si les Américains réduisaient de dix pour cent leur consommation de viande, les douze millions de tonnes de céréales économisées chaque année suffiraient à nourrir tous les habitants de la Terre qui meurent de faim. L'agriculture destinée aux animaux l'élevage est responsable de quatre-vingt-cinq pour cent des pertes de sols, de la destruction de cent millions d'hectares de forêt, de plus de la moitié de notre consommation d'eau, de la production quotidienne de dix mille tonnes de purin qui contaminent les nappes phréatiques, et de la consommation de vingt-cinq fois la quantité de combustible fossile nécessaire pour produire la même quantité de protéines sous forme de céréales. Consommez à des niveaux moins élevés de la chaîne alimentaire — des légumes, des fruits, des céréales ; diminuez votre consommation de viande et de produits d'origine animale, pour des raisons éthiques aussi. Encouragez les restaurants à servir des plats végétariens.

3. Manifestez votre appui à des lois interdisant les pesticides nocifs et exigeant la divulgation des quantités de pesticides, de médicaments et d'autres substances chimiques employés dans la production de denrées ; apportez votre soutien aux magasins d'alimentation qui proposent des produits dépourvus de substances contaminantes.

4. Achetez des aliments biologiques, produits au niveau local si possible. Encouragez votre supermarché à proposer des denrées produites localement. Soutenez les fermes familiales.

5. Informez les écoles, hôpitaux, compagnies d'aviation et médias de vos préoccupations concernant l'alimentation.

6. Sauvez les arbres ! Utilisez des serviettes en tissu plutôt qu'en papier, des chiffons plutôt que du papier absorbant, des tasses plutôt que des gobelets en carton.

7. Dans les papeteries, demandez du papier recyclé.

APPENDICE II
QUELQUES ORGANISATIONS ECOLOGIQUES

BELGIQUE

* Friends of the Earth
International
CEAT (Coordination européenne)
Rue Blanche 29
1050 Bruxelles

* Les Amis de la Terre
Place de la Vingeanne
5158 Dave

* World Wildlife Fund
608 Chaussée de Waterloo
1060 Bruxelles

* Bureau Européen de
l'Environnement — BEE
20, rue du Luxembourg
B-1040 Bruxelles

* Pesticides Action Network
c/o PAN Europe
115, rue Stevin
B-1040 Bruxelles

* Comité National belge de
l'association internationale du
contrôle de la pollution de l'eau
Instituut voor Industriele
Scheikunde
DeCroylann 2
B-3030 Heverlee

* Conseil Mondial de
l'Environnement et des Ressources
13, avenue Lemaitre
B-1348 Louvain

* Centre International d'Etudes du
Lindane — CIEL
250, avenue Louise, boîte 71
B-1050 Bruxelles

FRANCE

* Greenpeace France
28, rue des Petites-Ecuries
75010 Paris

* Les Amis de la Terre
62 bis, rue des Peupliers
92100 Boulogne-Billancourt

* Centre de Documentation de
Recherche et d'Expérimentations
sur les Pollutions Accidentelles des
Eaux — CEDRE
Pointe de Diable, Plouzane
Boîte postale 308
29274 Brest

* World Wildlife Fund
151, boulevard de La Reine
78000 Versailles

* Comité Scientifique sur les
Problèmes de l'Environnement
51, boulevard de Montmorency
75016 Paris

* Comité français de la Recherche
sur la Pollution de l'Eau
c/o Société Lyonnaise des Eaux

44, rue de Lisbonne
Boîte postale 289-08
75360 Paris Cedex 08

* Commission Internationale pour
la Protection de la Moselle Contre
la Pollution
Ministère des Relations Extérieures
37 quai d'Orsay
75007 Paris

* Fondation Cousteau
25, avenue de Wagram 75017 Paris

SUISSE

* Comité national Suisse de
l'association internationale pour la
recherche sur la pollution de l'eau
Grutlistrasse 44
Postfach 607
CH-8027 Zurich

* Commission internationale pour
la protection du lac de Constance
(Internationale Gewasserschutz
kommission fur den Bodensee)
Bundesant fur Umweltschutz
Hallwylstrasse 4
CH-3003 Berne

* World Wildlife Fund
14, chemin de Poussy
1214 Vernier-Genève

* World Wildlife Fund
Förrlibuckstrasse 66
Postfach, 8037 Zurich

* Les Amis de la Terre
Fruende der Erde
Engelgase 12a
CH 9000 St. Gallen

* Greenpeace
Muellerstrasse 37
Postfack 11927
8004 Zurich